# EL DESORDEN QUE VIENE

## UNA CRÓNICA DE 2024

**Editor**
Arquitectura Viva SL
Calle Aniceto Marinas 32
E-28008 Madrid, España
Tel: (+34) 915 487 317
AV@ArquitecturaViva.com
ArquitecturaViva.com
**Impresión**
Estugraf
**Imagen de cubierta**
Calle del municipio de Sedaví
(Valencia) tras la riada del
29 de octubre  © EFE

**Precio en España:** 9,90 €
**Depósito legal:** M-28194-2024
**ISBN:** 978-84-129034-5-4

9 788412 903454

# Índice

# Prólogo

Estas tres docenas de textos esbozan una crónica pixelada de 2024. Los dos primeros grupos, aparecidos originalmente en *Arquitectura Viva,* dan cuenta mes a mes de los grandes asuntos del año, de la prolongación de las guerras de Ucrania y Gaza a la dana de Valencia o la elección de Trump, y recogen también algunos de los más significativos debates intelectuales mediante la reseña de un puñado de libros, tanto políticos, económicos o históricos como propiamente arquitectónicos, urbanísticos o estéticos. El tercer grupo es más heterogéneo, porque contiene cuatro notas necrológicas publicadas en la misma revista sobre Kurt Forster, Manuel Melis, Antonio Fernández Alba y Joseph Rykwert; cuatro presentaciones de monografías de *AV* sobre arquitectos contemporáneos, Tham & Videgård, Níall McLaughlin, Arquitectura-G y Miralles Tagliabue EMBT; y cuatro retratos de personajes elaborados al hilo de diferentes circunstancias: los centenarios de Rafael de La-Hoz y José María García de Paredes, que se celebran con la *laudatio* en la Real Academia de Bellas Artes de San Fernando de la Medalla de Oro póstuma del primero, y con un artículo del catálogo de la exposición del segundo en el Museo ICO; la contestación al discurso de ingreso en la misma academia de Miguel Aguiló y el prólogo a la edición española del último libro de Kenneth Frampton. La imagen del año se adivina quizá en la malla de líneas que trenza los vínculos entre esta gavilla de mojones materiales y virtuales.

# El desorden que viene

*Una crónica de 2024*

La dana de Valencia y la victoria de Trump marcan las coordenadas del año en España y en el mundo. Con una semana de diferencia, la catastrófica inundación del martes 29 de octubre y la arrolladora elección del martes 5 de noviembre señalan un punto de inflexión en la percepción del riesgo climático y en el pronóstico del riesgo geopolítico. Por un lado, el fracaso en la reducción de emisiones de los gases de efecto invernadero muestra la importancia de la comunidad internacional para abordar el desafío del cambio climático, de manera que la temperatura del planeta se incrementará muy por encima del objetivo del 1,5 °C marcado en el Acuerdo de París, y los fenómenos meteorológicos extremos serán más intensos y frecuentes: la COP29 reunida en Bakú ha encendido la luz roja de alarma, pero todo hace pensar que no será sino un brindis al sol, como ocurrió el año anterior en la COP28 de Dubái. Por otro lado, el creciente desgobierno político y económico, con la multiplicación de los conflictos bélicos y las guerras comerciales sin que la intervención de las superpotencias o los organismos reguladores internacionales sean capaces de garantizar la estabilidad augura una etapa de sálvese quien pueda bajo la ley del más fuerte: el declive de la influencia de Estados Unidos y su previsible aislacionismo con Trump, mientras China no es aún capaz de tomar el relevo, hacen temer la proliferación fractal del desorden. En ausencia de una *pax americana,* y lejos aún un liderazgo chino, la gobernanza global es una sede vacante, en un momento crítico para los que compartimos este pequeño planeta azul.

En el gran tapiz del mundo se distinguen muchos hilos, pero todos se anudan alrededor de los dos grandes temas del clima y el gobierno, enlazados entre sí por el vínculo entre la agenda verde y la rebelión del campo, entre la desertificación y las migraciones, o entre la producción de alimentos y los conflictos bélicos. Europa ha visto tractores en las calles protestando contra la regulación medioambiental, pero el desafecto entre el mundo rural y las élites urbanas es también el combustible de las políticas populistas que han llevado a Trump a la Casa Blanca y encumbrado a tantos líderes autocráticos; los grandes movimientos migratorios que han protagonizado el debate público a ambos lados del Atlántico y puesto en crisis algunos rasgos de las democracias liberales tienen origen en la diferencia de renta entre el Occidente próspero y el África subsahariana o países de América Latina, aunque también en la destrucción de esas zonas de la sociedad tradicional por las guerras del agua, de la minería o de la droga; los conflictos persistentes en Ucrania, Oriente Medio o Sudán tienen causas geopolíticas, y sin embargo en todos hay elementos relacionados con el control de recursos escasos, que la crisis climática ha hecho aún más valiosos, y de hecho esenciales para la supervivencia de algunas poblaciones. En un entorno internacional crecientemente inestable, los riesgos que se perfilan en el futuro estimulan a los países a armarse preventivamente, incrementando el gasto militar a expensas de la atención social y enfrentándose al descontento con estructuras cada vez más autoritarias, sin que esa involución democrática garantice siquiera la seguridad política y ciudadana.

Pensamos habitualmente que la arquitectura no tiene apenas importancia en las transformaciones del mundo, y ello desde luego es así en lo que se refiere a las obras emblemáticas, que aunque capturen la imaginación simbólica y sean un sismógrafo que registra los temblores culturales, tienen una presencia cuantitativa prácticamente despreciable en la producción construida del planeta. Pero nuestra disciplina incide de otra forma en la conformación de la tecnosfera, esa capa de construcciones y máquinas que comparte con la biosfera la superficie del planeta, y lo hace a través de la urbanización del territorio y su colonización con infraestructuras. En ese ámbito, la defensa de la ciudad densa y compacta frente a la suburbanización creada por el automóvil sigue siendo un objetivo esencial en la lucha contra el cambio climático, y tanto los urbanistas como los ingenieros pueden unirse a los arquitectos en un empeño que es desde luego trascendental para nuestra supervivencia colectiva. La creciente desigualdad en muchas economías de mercado ha suscitado este año un debate sobre el acceso a la vivienda, y este es otro capítulo en el que la arquitectura se cruza con las grandes cuestiones de nuestra época; la atención al asunto ha sido muy significativa en España, porque el incremento de los precios de adquisición y alquiler no ha suscitado aún la ampliación de la oferta, y es deseable que el inevitable aumento futuro en la construcción de viviendas no entre en conflicto con la ciudad más sostenible, aquella que se basa en la proximidad de los usos y el transporte público: un entorno urbano responsable ante el clima, pero también más saludable escenario de la vida social.

Un balance del año es incompleto sin mencionar algunas de las obras más notorias finalizadas en el mundo, y por eso parece imprescindible elogiar los aparcamientos de Christian Kerez en Muharraq y el museo sobre las aguas de Junya Ishigami en Rizhao, dos realizaciones de sobria delicadeza y liviana desnudez; las ruinas subterráneas en Kaggalipura, de A Threshold, y el centro de artesanía Chaki Wasi en Zumbahua, de La Cabina de la Curiosidad,

9

dos experiencias comunitarias que son ejemplo de utilidad vernácula; o el Hospital Infantil de Zúrich, de Herzog & de Meuron, y la Biblioteca de Pekín, de Snøhetta, dos obras al servicio del cuerpo y el espíritu que reúnen la materia y el arte. Y si dirigimos la mirada a la península ibérica, la ampliación de la Gulbenkian lisboeta por parte de Kengo Kuma merece tanta atención como la adaptación cultural de las atarazanas de Sevilla que firma Guillermo Vázquez Consuegra, dos intervenciones en construcciones existentes que no han suscitado tanta polémica como la remodelación de L35, GMP y Ribas & Ribas del estadio Santiago Bernabéu en Madrid, una obra colosal que contrasta con la elegancia en sordina de numerosos proyectos residenciales y en el medio rural que han marcado la tónica frugal del ejercicio arquitectónico en España.

Por lo demás, el chisporroteo de los premios internacionales otorgó el Pritzker a Riken Yamamoto y el Imperiale a Shigeru Ban, además de una representación numerosa de mujeres, de Lesley Lokko (Medalla de Oro del RIBA) a Marie-José Van Hee (Medalla Alvar Aalto), mientras los españoles se repartían entre Josep Llinás (Oro del Consejo) y Ángela García de Paredes e Ignacio García Pedrosa (Nacional de Arquitectura). Y en el capítulo triste de las despedidas, en la nómina de desapariciones figuran cuatro personas con las que hemos tenido una especial relación y a las que en este volumen homenajeamos incluyendo sus necrológicas en la última sección: Kurt Forster, Manuel Melis Maynar, Antonio Fernández Alba y Joseph Rykwert.

# Doce meses

# Los caminos del comercio

*Enero: rutas por mar y tierra*

El comercio nos une, y sus rutas tejen una red que sujeta el mundo. Ante el retroceso de la globalización, con cada vez más países procurando privilegiar la proximidad geográfica o ideológica en sus intercambios, defender los vínculos que establece el tráfico mercantil es defender los puentes que conectan frente a los muros que separan. Europa muestra en sus billetes puentes y ventanas como símbolos de apertura, pero la Europa-fortaleza avanza en las urnas, limitando la movilidad de bienes y personas, y dando la espalda al drama de las migraciones. En este contexto merece celebrarse el décimo aniversario de la iniciativa de la Franja y la Ruta, un plan de construcción de infraestructuras lanzado por China en 2013, y en el que hoy participan 150 países que suponen el 75% de la población del planeta y más del 50% de su producto interior bruto. Estas nuevas rutas de la seda, que siguen en el norte los itinerarios terrestres de Marco Polo e Ibn Battuta, y en el sur los caminos marítimos del almirante Zheng He, aspiran a fortalecer los lazos económicos y políticos entre Asia, África y Europa, algo bien deseable en tiempos de desconexión.

Aunque Europa se resista a percibirse como una península de Asia, su contracción demográfica, declive económico y pérdida de influencia subrayan su papel subalterno en la que Halford Mackinder llamó la 'Isla Mundo', formada por los tres continentes geográficamente contiguos que la iniciativa china procura coser con infraestructuras de diversa índole: terrestres desde luego, como el ferrocarril de carga de la Franja que recorre 13.000 kilómetros desde Yiwu hasta Madrid, conectando China con Europa y cortando como un cuchillo las estepas de Kazajistán o de Rusia; pero marítimas también, porque los nuevos puertos que jalonan la Ruta sirven a los 105.000 buques que en el mundo transportan el 80% del comercio por volumen, y el 50% por valor. Los océanos son hoy, como los grandes cursos fluviales en el pasado —y todavía en parte ahora—, fundamentales caminos del comercio, por más que el creciente desorden marítimo obligue a recordar la libertad de navegación que actualmente protege la Armada estadounidense, y que teorizó Hugo Grocio con su *Mare liberum* de 1609, un libro construido sobre las bases del derecho internacional establecidas por Francisco de Vitoria.

Ese desorden, del que forman parte los numerosos buques de propiedad incierta y pabellón de conveniencia como el que perdió contenedores con *pellets* de plástico frente a las costas gallegas, se manifiesta en la inseguridad actual en el mar Rojo, donde los ataques hutíes en represalia por la guerra de Gaza impiden transitar hasta el canal de Suez, o en las dificultades de navegación en el mar Negro, sembrado de minas y barcos dañados en la guerra de Ucrania. Y junto con estas derivadas bélicas existen riesgos geopolíticos, como los que afectan al mar de la China Meridional y al estrecho de Malaca, consecuencia de la pugna por Taiwán, o alteraciones debidas al cambio climático, como la disminución del agua en los lagos que alimentan las esclusas del canal de Panamá, que amenazan el tráfico: algo que ya tuvimos ocasión de comprobar el verano pasado cuando la pérdida de caudal hizo imposible la navegación por el Rin. Pero los caminos del comercio transitan también por el fondo de los océanos, con los cables y gaseoductos que hemos visto sabotear en el Báltico o el mar del Norte, y nada es hoy tan crítico para la gobernanza global como preservar las rutas terrestres o marítimas por las que circulan la información, las mercancías y las personas.

# Los ejércitos del amanecer

*Febrero: tractores en las calles*

En la fría mañana berlinesa, los tractores sobre la avenida que conduce a la Puerta de Brandeburgo se alinean con la disciplina de un ejército ocupante. Norman Mailer escribió *The Armies of the Night* movido por la marcha sobre el Pentágono de 1967, y los actuales ejércitos del amanecer que han paralizado un cúmulo de ciudades europeas están aún esperando quien relate su historia como novela, y su novela como historia. La revuelta de los agricultores, que tras despertar en Alemania y Francia se ha extendido a España y buena parte del continente, tiene dos relatos contrapuestos: el mundo urbano, que siente simpatía por las gentes del campo, no entiende sin embargo que un sector tan pequeño de las economías nacionales, subvencionado además por la Política Agraria Común, pueda sufrir tal frustración y causar tantas molestias en la vida cotidiana; el ámbito rural, que se percibe abandonado e incomprendido, piensa que no se valora su trabajo esencial como productor de alimentos —tan evidente durante la pandemia—, deplora ser considerado como enemigo del medio ambiente y se asfixia bajo el peso de la burocracia y la competencia desleal.

La globalización productiva y la eficacia de la distribución dieron lugar a una alimentación muy barata y abundante, ahuyentando el espectro milenario de la carestía y el desabastecimiento, y haciendo de Malthus un mal sueño que solo las hambrunas africanas hacían presente en la mala conciencia de los europeos prósperos. Todo esto cambió con la fractura de las redes logísticas durante la crisis epidemiológica y con la polarización geopolítica

17

que ha conducido a localizar los suministros en geografías próximas o en países ideológicamente cercanos. El encarecimiento de los alimentos, que no se ha reflejado adecuadamente en los ingresos que obtienen los productores, se inscribe en un panorama inflacionario que afecta al precio de los fertilizantes y del combustible, abriendo un círculo vicioso que aboca a la ruina de muchas explotaciones, constreñidas además en nuestro continente por una exigente legislación medioambiental que no parece aplicarse con el mismo rigor en todos los países, y no digamos ya en el espacio extracomunitario, evidenciando con ello que Bruselas ha puesto la ecología y el paisaje muy por delante de la despensa.

Las caravanas de tractores se movilizan ahora por la ventana de la oportunidad que se abre en los meses previos a las elecciones europeas de junio, donde los partidos socialdemócratas y conservadores temen el auge de la ultraderecha nacionalista, tan influyente en Hungría, Italia, Francia, Alemania, Países Bajos o Polonia: un grupo de países, junto con Estados Unidos e Israel, cuya derecha extrema satiriza *The Economist* con las siglas GAGA (Global Anti-Globalist Alliance). La protesta de agricultores y ganaderos ha hecho ya corregir el ritmo de la transición verde, pero los 17 objetivos y las 169 metas que forman la Agenda 2030 para el Desarrollo Sostenible siguen siendo un marco de referencia ambiental tan piadosamente invocado como difícilmente materializable. Reconciliar los intereses de la ecología con los de la alimentación no es algo que pueda dirimirse en los términos de la añeja pugna entre el campo y la ciudad, pero es posible que los actuales episodios sean solo el prólogo de algo más amplio: de Berlín a Madrid, esos ejércitos del amanecer nos interpelan convocándonos a un combate por el pan y el planeta que merece un relato compartido.

# La nave de los locos

*Marzo: entre Weinberg y Goya*

Madrid en marzo ha mostrado el malestar de la memoria. El Teatro Real ha programado *La pasajera,* una ópera cuyos protagonistas viajan en una nave que alberga en sus sentinas el recuerdo del horror del Holocausto; la Real Academia de Bellas Artes ha inaugurado una exposición de Goya, 'El despertar de la conciencia', que ilustra con su *Casa de locos* la rebelión de la razón frente a los desastres y los disparates del mundo; y las instituciones políticas han conmemorado sin consenso el vigésimo aniversario del mayor atentado terrorista de la historia europea, confirmando la enajenación amnésica de los que navegamos en el frágil barco de una nación provisional. Si es locura ignorar la memoria del exterminio judío o la crueldad de las guerras napoleónicas, no lo es menos desmantelar el recuerdo compartido de los que fraguaron la transición española desde la voluntad de concordia y bajo la sombra ominosa de la Guerra Civil. La muestra de la Academia incluye, en la sección que le da título, el melancólico retrato de Jovellanos, un reformista moderado que procuró el fomento de la educación y la ciencia como motores del progreso, al cabo un cuerdo en un tiempo desquiciado.

El humanista alsaciano Sebastian Brant publicó en 1494 *Das Narrenschiff,* y esta 'Stultifera Navis' que ilustró Durero y evocó el Bosco —inspirada por un fragmento de *La República* platónica sobre la nave del Estado— transitó de sátira a drama alegórico con *Ship of Fools,* la novela de 1962 de Katherine Anne Porter y la película basada en ella que estrenó en 1965 Stanley Kramer, donde un transatlántico lleva de México a Alemania en 1933 a pasajeros de primera clase y a deportados que se hacinan en la cubierta inferior. En la ópera de Mieczysław Weinberg, cuyo libreto de Alexander Medvédev versiona una novela de Zofia Posmysz que ya había dado lugar a una película de Andrzej Munk en 1963, el buque viaja de Alemania a Brasil en 1959, y el encuentro incierto entre una carcelera y una superviviente de Auschwitz permite contrastar la estética nívea del navío, genuina metáfora de la modernidad técnica, y los sombríos niveles inferiores donde se despliegan los recuerdos siniestros del campo de exterminio, cuya luz parda evoca los interiores alucinados de los asilos para lunáticos representados por el ojo crítico de un Goya desencantado con la razón.

Si *La pasajera* se cierra con la rúbrica «No los perdonéis nunca», la premiada este mismo mes con el Óscar a la mejor película extranjera, *La zona de interés,* se ocupa de Auschwitz de forma simétrica, porque frente a la insurrección moral ante los verdugos y su culpa imperdonable nos interpela con la ceguera voluntaria de quienes elegimos no ver el horror y no recordar a sus víctimas. La cinta de Jonathan Glazer, basada en una novela de Martin Amis, registra la vida del director del campo Rudolf Höss y su familia junto a las tapias del recinto y bajo el humo leve de las chimeneas de los hornos, y esa trivialidad del mal absoluto es aún más trágica que la representación del crimen. El espectáculo armado en dos escenarios superpuestos con la música y el relato de dos judíos polacos, un discípulo de Shostakóvich y una superviviente de Auschwitz, nos inflama con ira retrospectiva; pero el transcurso plácido de los días perfectos de la familia Höss nos sitúa ante los palestinos de Gaza o los inmigrantes del Mediterráneo, que están al otro lado de una tapia de indiferencia, mientras con los ojos cerrados seguimos navegando en un barco amnésico y demente.

# Tambores de guerra

*Abril: Ucrania y la OTAN*

De las élites sonámbulas en 1914 a las inflamadas de ardor guerrero en 2024: Europa se enfrenta al auge de los preparativos bélicos guiada por unos dirigentes sin experiencia biográfica del conflicto. Los nacidos después de 1945 han vivido en un continente que juzgaba inconcebible la guerra en su suelo, por más que el desmantelamiento del bloque del Este tras 1989 se hiciera con violencia en los Balcanes. Aquel fue un tránsito de la Guerra Fría global a la guerra caliente local, pero la actual pugna en Ucrania ha cambiado la percepción del riesgo, transformando la prolongada posguerra en que se ha desarrollado la utopía plácida de Europa en una atmósfera de preguerra que mueve a incrementar presupuestos militares y a exhibir fortalezas retóricas. Inspirados por el lapidario precepto latino, 'Si vis pacem, para bellum', los líderes europeos multiplican los gestos desafiantes y refuerzan la industria armamentística, en una espiral dramática que podría llegar a ser una profecía autocumplida. La posible pérdida de la protección americana obliga a una mayor autonomía en la defensa, pero la contracción económica, demográfica y política del continente aconseja la negociación y la cautela antes que la arrogancia y la amenaza.

Muchas de las guerras actuales lo son por delegación o con herramientas híbridas, y el conflicto con Rusia muestra esas características, lo que ha impedido tanto un enfrentamiento directo con la OTAN como la escalada de la guerra, por más que se prodiguen los amagos ominosos de usar las armas nucleares: una posibilidad todavía improbable, pese al retorno de la bomba atómica y del síndrome de Oppenheimer en una cultura popular que llevaba varias décadas ignorando el pánico de la destrucción mutua asegurada que se contenía en el acrónimo MAD. Al cabo, el pulso geopolítico auténtico se da entre Estados Unidos y China, de la que Rusia e Irán son solo 'junior partners', y el régimen de Xi evita por ahora el conflicto frontal con Occidente, renunciando a alterar drásticamente las rutas logísticas o los medios de pago, aunque aceptando la ya inevitable *slowbalization* y cultivando sus vínculos comerciales y diplomáticos con el Sur Global. Menos orientado hacia la exportación, y con cada vez mayor independencia técnica y energética, el País del Centro debería ser un factor de estabilidad, si bien la situación no resuelta de Taiwán y el temor al relevo en la Casa Blanca le ha llevado a incrementar su gasto en defensa.

Queremos pensar que las grandes cuestiones a las que se enfrenta la humanidad, del cambio climático a la inteligencia artificial, y de las migraciones al terrorismo, habrían obligado a centrar la mirada de las élites y los debates públicos en esos desafíos existenciales, y en la necesidad de abordarlos a escala planetaria. Pero la ceguera de los líderes y la inercia de las masas hacen sospechar que ni siquiera una amenaza extraterrestre —de las que es tan pródiga la ciencia ficción, en su última manifestación a través del éxito de los libros y las series sobre *El problema de los tres cuerpos*— podría movilizar las inteligencias y las emociones de los pasajeros de la nave espacial Tierra para aparcar sus conflictos intestinos. El recientemente desaparecido primatólogo Frans de Waal nos enseñó de qué forma los chimpancés o los bonobos resolvían sus diferencias, porque la agresión no era incompatible con la cooperación en beneficio de la supervivencia del grupo, y queda por ver si los humanos podemos estar a la altura de un hipotético planeta de los simios. Ni sonámbulos ni guerreros, los líderes de Europa deberían sustituir la fanfarria bélica de tambores y trompetas por el sosiego paciente de las mesas de negociación y diálogo.

# La Pietà palestina

*Mayo: sobre la guerra de Gaza*

La tragedia de Gaza se abrevia en una imagen. El fotógrafo palestino Mohammed Salem reflejó con su cámara el duelo del mundo a través de dos figuras enlazadas por el dolor: la mujer de treinta y seis años Inas Abu Maamar abraza el cuerpo de su sobrina de cinco años Saly, muerta en Gaza el 17 de octubre de 2023 tras un ataque israelí. La imagen fue tomada en la morgue del Hospital Nasser en Jan Yunis, dentro de una Franja de Gaza hoy todavía escenario de una guerra devastadora, que ha producido decenas de miles de víctimas civiles, muchas de las cuales niños, y en la que han dejado la vida más de un centenar de periodistas. Gracias a ellos tenemos noticias de la tragedia, que ha desencadenado una ola imparable de protestas, desde los foros internacionales hasta los campus universitarios, pero las cifras de víctimas y los testimonios gráficos de la destrucción urbana palidecen frente a la fotografía de dos personas unidas inextricablemente por la muerte: dos personas cuya identidad nos es revelada por el mismo respeto discreto que oculta sus rostros, convirtiéndolas en símbolos universales y anónimos.

El reconocimiento de la fotografía tomada por Salem en Gaza ha sido caudaloso y unánime. Tras reproducirse innumerables veces, obtuvo en marzo el Premio Ortega y Gasset, y en abril el World Press Photo, un galardón que el fotoperiodista —vinculado a la agencia Reuters desde 2003— ya recibió en 2010. En esta ocasión, cada elemento de la instantánea contribuye a transformarla en icono: el blanco sudario, que revela la muerte tras esconder pudorosamente bajo los pliegues sus huellas atroces en el cuerpo inerte de la niña; la túnica azul, que recoge en su gesto monocromo los miembros enredados de la mujer que dobla la rodilla en desamparo y reúne los brazos asiendo la cabeza sin vida de su sobrina como si pretendiera evitar que la muerte la arrebate; y el hiyab del mismo color que las manos, única parte del cuerpo que se muestra en esta elegía textil cuyos tres tonos resumen y manifiestan la violencia y la devastación emocional del momento, en el marco higiénico de un recinto sanitario cuyo pavimento y muros se pautan con la regularidad geométrica de las losas lisas y grises.

No es difícil advertir que el impacto global de la imagen debe no poco a su asociación con las representaciones de la Piedad, que desde el Renacimiento ha usado la figura de María sosteniendo a su hijo muerto como símbolo de la Pasión, porque la *Mater Dolorosa* es un emblema reconocible de la aflicción. Desde una óptica pictórica, tanto el velo en la cabeza como el manto azul se vinculan con la imagen tradicional de la Virgen, subrayado en el terreno cromático por el alto precio del pigmento basado en lapislázuli, que constreñía su empleo al ropaje de la Madre de Dios, donde evocaba la pureza. Pero la composición monumentalmente piramidal, que otorga estabilidad clásica a la fotografía de Gaza, remite también a la escultura, y es probable que las piedades de Miguel Ángel acudan de inmediato a la memoria del espectador: la *Pietà* vaticana desde luego, con esa figura reducida de Cristo para que resulte verosímil sostenido por su madre, pero también la de Florencia y sobre todo la Rondanini, porque su *non finito* nos golpea con la misma abstracción violenta de la *Pietà* palestina de Salem.

# Europa mañana

*Junio: dilemas arquitectónicos*

Nuestro continente ha ido a las urnas en un momento crítico, y la arquitectura no puede ser ajena a los grandes dilemas de esta hora, porque su propio futuro está esencialmente vinculado al cambio climático, al protagonismo de lo existente y a la evolución demográfica. En primer lugar, tanto la lógica económica como las normativas ambientales obligan a construir teniendo en cuenta los costes materiales y energéticos, y solo es aceptable socialmente la arquitectura que respeta el entorno y el clima; a continuación, la densidad edificada del continente anima a conservar las zonas intactas concentrando el esfuerzo inversor en lo existente, y declinando las distintas versiones del prefijo 're-', rehabilitar, reutilizar, renovar y un largo etcétera, que indudablemente incluirá la reconstrucción de las ciudades dañadas por catástrofes bélicas o naturales; por último, la contracción demográfica y el envejecimiento de las poblaciones europeas, unidos al impacto de las corrientes migratorias, promoverán cambios en las dotaciones sanitarias y educativas, amén de mutaciones en la promoción residencial.

Por su parte, las grandes incertidumbres a que nos enfrentamos en el continente pueden agruparse en tres capítulos, el geopolítico, el económico y el técnico. Para comenzar, no sabemos si la paz que ha disfrutado la mayor parte de Europa desde hace ochenta años se mantendrá, o si la división del mundo en bloques hostiles tendrá repercusión en un grupo de países que poseen escasa capacidad de defensa propia; tampoco sabemos si el previsible declive económico de un área sin autonomía energética y escasa competitividad productiva puede producirse con un ritmo gradual o bien experimentar un desplome súbito, porque ello condicionaría la prosperidad y calidad de vida de los europeos, así como sus logros culturales, su calidad urbana y su excelencia arquitectónica; finalmente, el impacto de la inteligencia artificial y la robótica sobre la construcción y la promoción inmobiliaria puede alterar el proyecto y la obra de formas que apenas concebimos, pero sin duda es este un desarrollo con una extraordinaria capacidad disruptiva del panorama profesional y del ámbito académico.

El papel de los arquitectos en este futuro probable es paradójico, porque si, por un lado, la estructura de la producción arquitectónica empuja hacia la especialización en empresas de dimensiones siempre crecientes, la formación característica de estos profesionales es marcadamente versátil en su aproximación a muchas disciplinas diferentes, y favorable a la independencia personal por el énfasis en el enfoque crítico y la autonomía creativa, lo que establece una tensión entre necesidades y expectativas que puede ser fértil o frustrante. En todo caso, la contribución de los arquitectos al bienestar social no se ubica tanto en una educación estética que les permita ser referentes artísticos como en una tradición de servicio y un énfasis en la dimensión pública de su trabajo que les hace a menudo portavoces de ambiciones colectivas en el terreno de la ciudad y de la vida. De todo ello debería haberse discutido en las elecciones del 9 de junio —las décimas desde que el Parlamento Europeo se comenzó a elegir por sufragio directo en 1979, y acaso las más trascendentales en los cuarenta y cinco años transcurridos desde entonces—, pero por desgracia la polarización política e ideológica ha desplazado a un segundo término las grandes cuestiones de esta hora, en la arquitectura y en todo lo demás.

# Miseria y mito de Trump

*Julio: iconos visuales*

Con su intento de asesinato, Trump ha transitado de la historia al mito. Hace más de treinta años nos ocupamos de él en estas páginas con motivo de la publicación de sus memorias como promotor inmobiliario, *The Art of the Deal,* y su llegada a la Casa Blanca en 2017 nos animó a recordar algunas de su afirmaciones de entonces: «Si usted es un poco escandaloso, o si hace cosas atrevidas o controvertidas, entonces los periódicos escribirán sobre usted… La clave última de mi estilo de promoción es la osadía. Juego con las fantasías de la gente. Muchos, aunque no sepan pensar a lo grande, sí pueden emocionarse con las grandes ideas de otros. Por eso nunca está de más un poco de hipérbole».

Aquel Trump era ya un Ulises, el 'hombre de variadas tretas', pero cuando definitivamente ingresa en el dominio mitológico es con el atentado, y el coraje de su reacción con el puño levantado y la triple invocación «fight, fight, fight», que le reviste con la cólera de Aquiles, trenzando en su itinerario biográfico los dos mitos clásicos del ciclo troyano: la *Odisea* del retorno del héroe sorteando peligros —que en la última etapa del rey destronado han sido sobre todo asechanzas judiciales— y la *Ilíada* del guerrero frente a las murallas de la ciudad sitiada, que en su caso es el país que quiere recuperar para hacerlo grande de nuevo.

Ulises y Aquiles, Donald Trump ha jalonado su trayecto con imágenes indelebles. El aventurero tramposo que exhibe su riqueza y seduce a doncellas de tierras lejanas —su primera mujer era checa, y la actual eslovena— se fotografiaba en el marco áureo de su torre neoyorquina, con una *trophy wife* y un león de melena dorada, pero el héroe sin corona y rodeado de enemigos produjo el retrato inolvidable de su detención policial, un *mug shot* donde el político asediado muestra la faz feroz de un animal salvaje.

El triunfador satisfecho y el perseguido iracundo son los dos rostros de un itinerario simbólico de ascenso al Olimpo y caída a los infiernos, pero las luces y sombras del trayecto se redimen al fin en la fotografía épica de Evan Vucci, con los hombres y mujeres del servicio secreto formando una pirámide de protección al Trump ensangrentado que levanta un puño desafiante bajo la bandera de las barras y estrellas. De composición similar a la icónica de Iwo Jima —pero no orquestada como aquella— la imagen refleja un momento cuya condición mítica expresó bien el senador Tim Scott en la convención republicana de Milwaukee: «El diablo llegó a Pensilvania empuñando un rifle, pero el león americano se puso en pie y rugió. ¡Oh, sí! ¡Rugió!».

El ser humano es un animal narrativo, y en sus relatos el *mythos* suele imponerse al *logos: in principio erat fabula.* Trump ha sabido insertarse en la mitología americana de los superhéroes amalgamándose con la tradición clásica, pero su al parecer imparable ascenso es una fuente de alarma para los que no compartimos sus posiciones en política internacional, en el significado de la globalización o en el papel de la inmigración. Un segundo mandato de Trump puede ser una tragedia para la democracia americana, para la seguridad europea y para la estabilidad de un planeta amenazado por demasiadas crisis. Tras la renuncia de Joe Biden, Kamala Harris deberá enfrentarse al mito y la miseria de un hombre y su fantasma.

# La Cina è vicina

*Agosto: el auge del País del Centro*

Marco Bellocchio estrenó en 1967 *China está cerca,* una sátira sobre la decadencia burguesa en la que se enredan la moral católica, los oportunismos electorales y los sueños revolucionarios maoístas. La irónica proximidad de China remitía entonces a su influencia ideológica en los jóvenes radicales de Occidente, pero hoy el título de la cinta describiría más bien la colosal presencia política y económica del País del Centro en nuestro entorno. Han pasado dos décadas desde que Joshua Cooper Ramo acuñó la rúbrica 'Beijing Consensus' para describir el ascenso del modelo chino y el declive del neoliberal Consenso de Washington, y en este período la economía china se ha multiplicado por cuatro, haciendo crecer su influencia geopolítica y el ejemplo de su aproximación al desarrollo. Frente a la ortodoxia del Fondo Monetario y el Banco Mundial, el modelo económico chino abre caminos nuevos para los países del Sur Global, y «rompe el mito de que la modernización exige la occidentalización», como aseguró el presidente Xi Jinping en un discurso de 2023 frente a los cuadros del Partido Comunista.

Para *The Economist,* la autocracia china está «pintando el globo de rojo», y su actual atractivo se expresa tanto en su auge urbano como en su desarrollo científico. Más allá de las cuatro metrópolis —la capital Pekín, la financiera Shanghái, la tecnológica Shenzhen y la exportadora Cantón— ocho ciudades de diez millones de habitantes encarnan «el crecimiento, el optimismo y la buena vida». Xian, Chengdú y Chongqing florecen con tecnólogos e *influencers;* Wuhan, Hefei y Changshu prosperan con los coches eléctricos y el

35

entretenimiento; y Nankín y Hangzhou se especializan en capital riesgo y *startups*. Las 'great eight' del semanario británico atraen el talento joven con su calidad de vida, y crecen más que las cuatro metrópolis. Entre estas doce ciudades se reparten las sedes de las universidades y los laboratorios que han hecho de China una potencia científica y tecnológica, líder en multitud de campos de investigación y en muchos sectores de innovación industrial, en una senda que puede llevarla a la superioridad económica, geopolítica y militar sobre Estados Unidos.

El auge chino —con sombras como la difícil digestión de su *boom* inmobiliario—, frente al que Occidente opone medidas proteccionistas y sanciones que prefiguran una guerra comercial, se ha mostrado compatible con la pervivencia de estructuras políticas autoritarias, contradiciendo los pronósticos de que la prosperidad traería la democracia. Esta circunstancia no parece preocupar mucho a buena parte del Sur Global, alejado del Consenso de Washington por la hipocresía occidental, por su posición subordinada y por la vigencia en muchos países de regímenes autocráticos. Ante la gigantomaquia que enfrenta a las dos superpotencias, las democracias liberales europeas ven declinar sus poblaciones, su prosperidad y su influencia: su demografía se reduce por primera vez desde las pestes medievales, sus generosas prestaciones sociales se muestran difíciles de financiar y su sistema político ha dejado de ser una referencia para el planeta. Estados Unidos todavía garantiza su seguridad, pero no se sabe por cuánto tiempo, y el mundo modelado por China está cada vez más cerca.

# Poco a poco, y luego de repente

*Septiembre: instituciones en riesgo*

Ernest Hemingway publicó *Fiesta* en 1926, una novela que sería paradigmática de la generación perdida del período de entreguerras. En ella, un grupo de personajes viajan de París a Madrid con escala obligada en los Sanfermines de Pamplona, descritos en detalle y origen de la fascinación por la fiesta navarra en el ámbito anglosajón. El libro contiene una cita mítica, muy repetida porque describe bien numerosos procesos políticos, económicos y sociales: «'¿Cómo te arruinaste?', preguntó Bill. 'De dos maneras', dijo Mike. 'Poco a poco, y luego de repente'». Es legítimo preguntarse si ese colapso, al principio imperceptible y después incontenible, que hemos experimentado en crisis financieras o levantamientos populares, no está amenazando también la arquitectura institucional que soporta la convivencia: en nuestro país con el agrietamiento del edificio jurídico, y en el mundo con la pérdida de funciones o el declive de los organismos internacionales, comenzando por la ONU y extendiéndose a los que arbitran el comercio o a los tribunales de justicia supranacionales.

Puede parecer alarmista llamar la atención sobre las fisuras que empiezan a aparecer en la estructura constitucional española, sometida a una prueba de carga que pone en cuestión tanto el equilibrio entre los diferentes poderes del Estado como las mayorías cualificadas arbitradas para dar estabilidad e inercia a la organización institucional, pero el deterioro paulatino puede efectivamente transformarse en catastrófico de forma súbita, por más que hoy todavía podamos experimentar la resiliencia testaruda del tejido social y económico. Los grandes desajustes en la financiación del sistema de salud o las pensiones, unidos al desplome demográfico y la contracción geopolítica, dibujan un panorama escasamente plácido, que en ausencia de reformas de larga ambición y alcance no puede sino oscurecerse con nubes de tormenta. España, que es todavía uno de los países con mayor calidad de vida cotidiana, se soporta sobre una malla de acuerdos y azares que no conviene dar por sentada, y cuya libertad, prosperidad y paz no son en efecto rasgos de serie, sino logros provisionales y siempre frágiles.

La vulnerabilidad que se advierte en el ámbito doméstico se agrava al abrir el foco, en primer término al espacio europeo —un lugar de privilegio sometido a un proceso paulatino de erosión—, y a continuación al conjunto del planeta, donde tanto la globalización económica como la remisión de conflictos a instancias mediadoras retrocede aceleradamente. Y aunque es fácil atribuir a la muy reciente pandemia el propósito de asegurar la autosuficiencia de los bienes esenciales, reduciendo la dependencia de suministros a menudo inciertos y remotos, en la contemporánea fragmentación del globo interviene decisivamente la convicción de que el actual sistema está al servicio de los intereses de Occidente, percibidos como nítidamente divergentes con los del Sur Global. Así, las estructuras que otorgan estabilidad al sistema, desde la Organización Mundial del Comercio hasta el Tribunal Penal Internacional, se debilitan y desprestigian de forma progresiva, y la etapa venturosa que se abrió con la caída del Muro va cerrando su ciclo histórico: poco a poco, y quizá luego de repente.

# Más viviendas, mejor ciudad

*Octubre: carencias y demandas*

Necesitamos más viviendas, y además necesitamos mejor ciudad. El alojamiento es el espacio donde se cruzan los grandes desafíos contemporáneos, desde la precariedad juvenil o el turismo masivo hasta la inmigración incontrolada o el cambio climático, problemas todos ellos que —más allá de requerir estrategias específicas— tensionan el mercado de la vivienda. Hay que mejorar la situación de los jóvenes, lastrados en la atención política por su escaso peso electoral; hay que establecer límites al turismo sin renunciar a la riqueza económica y cultural que procura; hay que regular la inmigración, conscientes de que es un fenómeno incontenible y necesario ante nuestro invierno demográfico; y hay que adaptar edificios y ciudades al impacto irreversible del cambio climático. Siendo todo ello necesario, y contribuyendo de diferentes maneras a la asequibilidad o calidad de la vivienda, no es en absoluto suficiente, porque las dificultades de acceso a un alojamiento digno tienen una dimensión cuantitativa que solo puede abordarse a través del incremento del parque residencial.

Construir más casas es la receta tenazmente repetida por los economistas que han criticado los programas de diferentes partidos políticos, desde los demócratas estadounidenses hasta los socialistas europeos, en los que la preocupación social por el coste de la vivienda ha incorporado medidas que apoyan la demanda con subvenciones. Y ello porque si no se aumenta la oferta con más viviendas, rehabilitadas o nuevas, esas ayudas tendrían el efecto de incrementar los precios de adquisición o alquiler. Así que sobre todo necesitamos más viviendas, y necesitamos que se inicien cuanto antes, simplificando los hoy prolijos trámites administrativos para no añadir más plazos a los ya considerables del proyecto y la construcción. Es evidente que desde una revista que celebra y publica la excelencia no se puede sino desear que estas realizaciones residenciales tengan la calidad material y formal que les permita contribuir a la sostenibilidad urbana, a la orquestación social de los usos y al atractivo estético de los conjuntos, pero hoy el mensaje a los que toman las decisiones debe poner énfasis en la cantidad.

Esa es también la opinión de Greg Clark, el urbanista británico que ha asesorado a multitud de ciudades: «Suena estúpido, pero la solución al problema de la vivienda es construir más casas». El investigador y profesor participa en una serie de la BBC que tiene por título *My Perfect City,* y que resume como una combinación de la vivienda de Viena, la tecnología de Seúl, la seguridad de Glasgow, el tratamiento del envejecimiento en Tokio, la apuesta verde de San Francisco, el empleo de Toronto o la multiculturalidad de Singapur. A este *collage* Clark añade que las ciudades con más éxito tienen mucho turismo y una fuerte economía dependiente de él, pero en todas hay un problema de falta de vivienda, que desde luego exige construir más. Y todo ello mientras adaptamos las ciudades al cambio climático, fomentamos la diversidad social y mantenemos la densidad y compacidad que haga posible dotarlas de infraestructuras eficientes: «Las mejores ciudades no son aquellas en las que los pobres tienen coche, sino aquellas en que los ricos cogen el metro». Hacer más viviendas exige hacer mejor ciudad.

# Caos en la tecnosfera

*Noviembre: la dana de Valencia*

La dana de Valencia ha golpeado con violencia el territorio y las conciencias. Por un lado, nos recuerda el fracaso en la moderación del cambio climático, que está haciendo más frecuentes e intensas las catástrofes meteorológicas; por otro, nos enfrenta al desafío de prevenir mejor estos fenómenos mediante las infraestructuras y el urbanismo. Una semana antes de esta trágica gota fría, las Naciones Unidas hacían público su último informe sobre las emisiones de gases de efecto invernadero, constatando que siguen creciendo y que hemos perdido una década desde el Acuerdo de París de 2015, lo que hace inviable el objetivo de un aumento de temperatura de 1,5ºC y alimenta el escepticismo sobre la próxima cumbre del clima en Bakú. Ante esa impotencia, no cabe sino adaptarnos a un entorno más hostil y extremo mediante la planificación territorial y la construcción de infraestructuras que limiten los daños, evitando la indisciplina urbanística que ha permitido la ocupación de barrancos y zonas inundables, pero a la vez aceptando que la naturaleza que habitamos no es hoy sino una colosal creación artificial.

Estamos acostumbrados a entender nuestro planeta como una superposición de esferas diferentes: la litosfera, la hidrosfera, la criosfera, la atmósfera y la biosfera; las rocas, el agua, el hielo, el aire y los seres vivos que interactúan desde hace millones de años. A estas esferas cabe añadir la formada por la acción antrópica en tiempos recientes, que el geólogo estadounidense Peter Haff, de la Universidad de Duke, denominó 'tecnosfera', y cuyo peso fue estimado en unos treinta billones de toneladas por otro geólogo, el británico de origen polaco Jan Zalasiewicz, de la Universidad de Leicester. En buena medida, la tecnosfera está formada por el territorio urbanizado y las infraestructuras de transporte, pero también por las instalaciones de generación de energía o producción de alimentos, además de todo tipo de máquinas. Como argumentan los científicos que han acuñado el concepto, la tecnosfera es en su dimensión actual un parásito de la biosfera que trastoca la habitabilidad de la Tierra, a través de la extinción de especies, el cambio climático y la alteración química de los océanos.

Pese a ello, la tecnosfera es esencial para nuestra supervivencia, y difícilmente podría alimentarse la humanidad sin los fertilizantes artificiales que provienen de la síntesis del amoníaco, o alojarse en ciudades densas y compactas sin utilizar los materiales y la energía que tienen origen en la Revolución Industrial. Quizá no podamos hacer demasiado por impedir que el Mediterráneo de Sorolla se caliente aumentando la energía que finalmente provoca explosiones meteorológicas, pero cabe preguntarse cuáles habrían sido las consecuencias de la reciente dana si el cauce del Turia no se hubiese desviado apartándolo de la ciudad de Valencia, o si no se hubieran levantado los embalses que regulan el caudal de tantos ríos. Muchas de estas obras violentan la naturaleza y son a menudo polémicas, pero sin rechazar la utilidad de los estudios de impacto debe subrayarse la necesidad de intervenir en el territorio para protegernos del azar de las catástrofes. El caos en la tecnosfera no proviene de su naturaleza artificial, sino de la escasa inteligencia humana empleada en su conformación preventiva.

# Sudán sufriente

*Diciembre: una catástrofe humanitaria*

Deslumbrados por los relámpagos bélicos de Ucrania y Oriente Medio, estamos ciegos ante la agonía de Sudán. El desenlace de la guerra de Ucrania es importante para los europeos, y muy incierto por las grietas en el apoyo al país que se advierten en el este del continente, además de por el riesgo que supone el retorno de Trump a la Casa Blanca; la destrucción de Gaza por el ejército de Israel, que en su respuesta al bárbaro ataque de Hamás ha lanzado sobre la Franja 70.000 toneladas de bombas, y que ha reaccionado a las provocaciones de Hezbolá e Irán extendiendo la guerra al Líbano, ha despertado en todo el mundo los fantasmas ominosos del antisemitismo y la islamofobia; pero ninguno de estos desastres tiene la dimensión en vidas humanas de la guerra civil de Sudán, donde la devastación de las ciudades, los desplazamientos de las poblaciones y la mayor hambruna de las últimas décadas amenazan con causar por encima de dos millones de muertes en los próximos meses. La revista *The Economist* ha dedicado un extenso informe al conflicto, que considera la peor crisis humanitaria del planeta.

El tercer país mayor del continente está arrasado por los combates entre dos ejércitos rivales, las Fuerzas Armadas de Sudán y las Fuerzas de Apoyo Rápido, ambos dirigidos por señores de la guerra sin diferencias significativas en lo ideológico o en lo étnico, y sin otro propósito que adueñarse de los despojos del conflicto. La capital Jartum está en ruinas y, según el semanario británico, las fosas donde se apilan alrededor de 150.000 víctimas pueden distinguirse desde el aire. Más de diez millones de personas han debido dejar sus hogares, y sobreviven en campos de refugiados, sin apenas alimento tras los incendios que han destruido tierras y cosechas. Ambos ejércitos reclutan a niños, masacran a civiles y usan las violaciones o el hambre como armas de guerra. El genocidio de Darfur en 2003 o la secesión de Sudán del Sur en 2011 produjeron centenares de miles de víctimas, pero la actual tragedia puede tener una dimensión mucho mayor, y se desarrolla ahora fuera de las pantallas de un mundo asediado por múltiples crisis, que ha sumergido en el silencio el sufrimiento de Sudán.

Tanto los Emiratos como Irán y Egipto arman a los contendientes, y mientras Rusia, Arabia Saudí, Turquía y Catar intervienen persiguiendo sus propios intereses, la carnicería de Sudán exporta refugiados y mercenarios a países limítrofes como Chad, Etiopía o Libia, creando una crisis geopolítica que puede causar ondas de desestabilización en tres continentes. El impacto en Europa es ya significativo —el 60% de los acampados en Calais son sudaneses—, y puede superar los *shocks* migratorios producidos por las guerras de Siria y Libia, en un momento en que este asunto es central en la agenda política de muchos de los países de la Unión Europea. Josep Borrell describió polémicamente nuestro continente como un jardín rodeado de jungla, deplorando que en cada vez más lugares del mundo impere la ley de la selva, que no es otra que la voluntad del más fuerte. Pero el privilegio de vivir bajo el imperio de la norma no puede conducir a que los habitantes de este jardín retórico den la espalda a los que sufren, ignorados en una tierra infeliz donde no existe otra ley que la de las armas.

# Doce argumentos

# Agnósticos y escépticos
*Smil, Lomborg y el mundo real*

Elogiados ambos por Bill Gates, el científico y analista político checocanadiense Vaclav Smil y el economista y politólogo danés Bjørn Lomborg proponen un baño de realidad: *Cómo funciona el mundo* de Smil y *Lo que sí funciona* de Lomborg invitan a huir del pensamiento mágico para enfrentarse a los desafíos genuinos de nuestra época. Smil, autor de numerosas obras sintéticas —entre las cuales la fundamental *Energía y civilización*—, se describe como agnóstico, y entiende que la duda metódica es más honesta intelectualmente que los pronósticos catastrofistas o eufóricos, a su juicio más basados en convicciones ideológicas o religiosas que en evidencias científicas; y Lomborg, que alcanzó gran notoriedad con *El ecologista escéptico* —una obra publicada originalmente por la Cambridge University Press, y cuya puesta en cuestión del pensamiento convencional sobre el cambio climático le hizo objeto de severas censuras— persigue someter las políticas públicas a un análisis de coste-beneficio con resultados a menudo inesperados por su desviación respecto a las prácticas habituales. Agnósticos y escépticos, los dos coinciden en utilizar herramientas cuantitativas para arrojar luz sobre 'how the world really works' y determinar las prioridades que llevan a promover 'best things first', para usar los títulos originales de sus obras.

Smil cree que la urbanización y la mecanización nos han alejado tanto de la generación de energía, la producción de alimentos o la fabricación de máquinas que la mayor parte de la gente en las sociedades contemporáneas tiene un conocimiento muy superficial de cómo funciona de verdad el

51

mundo, y es eso lo que hace imprescindible su 'Scientist's Guide to our Past, Present, and Future', que efectivamente procura el entendimiento histórico y actual del mundo material, y proyecta esta comprensión a una evaluación de los riesgos —ambientales o no— que nos amenazan en el futuro. Especial interés tiene el capítulo dedicado a la energía, o en el que muestra hasta qué punto la producción alimentaria depende del consumo de combustibles fósiles, pero encuentro singularmente revelador aquel en que establece 'Los cuatro pilares de la civilización moderna': el cemento, el acero, los plásticos y el amoníaco. En lo que toca al clima, constata que tres décadas de grandes reuniones internacionales no han tenido ningún efecto en la emisión global de dióxido de carbono, juzga poco realistas los objetivos de las sucesivas COP, y evita tanto el pesimismo apocalíptico de los que juzgan a la humanidad condenada como el optimismo de aquellos que confían en la singularidad de la inteligencia artificial sustituyendo a la biológica como panacea última de supervivencia.

Lomborg es también escéptico respecto a las metas marcadas por la ONU, y muy especialmente las ambientales —del impuesto al carbono a la descarbonización total de la economía—, que juzga poco eficaces o escasamente verosímiles, sobre todo desde la óptica de los países más pobres. Examina en detalle los Objetivos de Desarrollo Sostenible fijados para el período 2016-2030, y tras someter a un análisis de coste-beneficio un centenar de esas políticas, elige una docena como las más eficientes: la lucha contra las enfermedades crónicas, la tuberculosis y la malaria; la vacunación infantil y la salud neonatal; la educación, la nutrición y la investigación agrícola; el fomento del comercio, la contratación electrónica, la emigración cualificada y la propiedad de la tierra. Se trata de una panoplia de medidas que pueden lograr resultados significativos con financiación razonable, y cada una de las cuales se argumenta en un artículo científico publicado de forma separada. Elaboradas por un cúmulo de investigadores, científicos y economistas coordinados por Lomborg en el instituto que dirige, Consenso de Copenhague, las medidas hacen descender desde la retórica grandilocuente de los organismos internacionales hasta la arena cotidiana de lo que de verdad funciona en el mundo real.

# Canarios en la mina

*Fukuyama y Gray, voces liberales*

Las instituciones liberales, asegura Francis Fukuyama en *Liberalism and Its Discontents,* actúan como los canarios en una mina de carbón, y advierten del peligro de un asalto autoritario. John Gray es más pesimista, y en *The New Leviathans* considera que la civilización liberal basada en la práctica de la tolerancia ha pasado a la historia, porque los Estados del siglo XXI ya no protegen de la tiranía, sino del caos. Ambos politólogos son conscientes de la crisis del liberalismo clásico, atacado por la derecha populista y la izquierda progresista, en el marco de una recesión democrática que se inicia en 2008, pero mientras Fukuyama cree que no hay alternativas mejores de gobierno, y propone reformas que otorguen nueva vida al liberalismo, Gray piensa que los estados actuales se están ya convirtiendo en leviatanes, monstruos totalitarios en los que la libertad se subordina a la seguridad, un proceso que la pandemia, el cambio climático y la guerra en Europa solo han contribuido a acelerar.

En la primera página de su libro, Fukuyama define el liberalismo con una extensa cita de Gray, que enumera los cuatro rasgos de esta doctrina política, descrita como individualista, igualitaria, universalista y meliorista, porque además de afirmar la primacía moral de la personal frente a la colectividad, la igualdad radical de los seres humanos y la unidad de las gentes frente a los rasgos históricos o culturales específicos, defiende la posibilidad de corrección y mejora de las instituciones sociales y políticas. En contraste, el británico censura ásperamente al estadounidense por haber reunido la filosofía de la historia de Hegel con la evolución social de Hayek para justificar el capitalismo democrático, una crítica que extiende al nuevo liberalismo de los filósofos John Rawls y Ronald Dworkin, cuyo énfasis en la ley y los derechos juzga tan alejado de las realidades del siglo XXI como la teoría política medieval.

*Liberalism and Its Discontents* defiende la democracia liberal por razones pragmáticas, morales y económicas, establece su vínculo con el método científico y ofrece un bosquejo de su historia desde la Revolución francesa, pronto enfrentada con la competencia ideológica del nacionalismo y del comunismo; censura el extremismo económico del neoliberalismo, que ha provocado el descontento con el capitalismo; critica la absolutización de la autonomía implícita en la teoría de la justicia de Rawls, y las políticas identitarias centradas en la raza o el género; expone de qué forma la tecnología ha puesto en cuestión la privacidad y la libertad de expresión; propone integrar el universalismo liberal con la realidad del Estado nación y la relevancia política contemporánea de la inmigración; y termina recordando que la sofrosine clásica es la clave de la supervivencia del liberalismo, un sistema que argumenta frente a sus descontentos con persuasión, claridad y su habitual elegancia expositiva.

*The New Leviathans* recoge, como expresa su subtítulo, 'thoughts after liberalism', porque su autor juzga el experimento liberal extinto. A diferencia de Fukuyama, que remite a pensadores liberales como Hobbes, Locke, Rousseau o Rawls, Gray asegura que Hobbes es el único que merece leerse hoy, pero no tanto por su fe en la razón, que compartió con otros autores de la Ilustración temprana, sino por lo que tiene de teórico del absurdo, subrayando el peligro de usar ficciones lingüísticas como 'humanidad', que al permitir distinguir entre grados de la misma abre la puerta a eliminar a los menos humanos, como sucedió en la Unión Soviética, en la Alemania nazi o en la China maoísta. Esa visión oscura de nuestro tiempo, que le lleva a extenderse sobre diversos episodios de la Revolución rusa, y que llega hasta hoy con la pugna entre las superpotencias, el debate sobre el Antropoceno que ha dado nueva vigencia a Malthus, o el surgimiento de la religión *woke* vinculada a la producción de élites superfluas, es la lección que extrae de un Hobbes cuyas citas pespuntean el texto. Al cabo, el liberalismo no es sino una nota al pie del monoteísmo occidental, y el rechazo de esa civilización por los liberales del siglo XXI, que se expresa en el régimen inquisitorial de los campus universitarios, propicia un proceso de descomposición intelectual y política. En un año en que la mitad del planeta va a las urnas, Fukuyama nos anima a vigilar las instituciones liberales como canarios en la mina, pero Gray piensa que esas aves murieron hace tiempo víctimas del grisú.

# Una escasez abundante

*De Malthus a Wenders*

Un evento en el Golfo y dos libros de Harvard y Yale tienen la escasez como foco. Sarja, la capital cultural de los Emiratos, reúne a sesenta y cinco participantes de cuarenta países en su segunda Trienal de Arquitectura, desarrollada entre noviembre de 2023 y marzo de 2024, y documentada con un catálogo que lleva por título *Field Notes on Scarcity.* De forma simultánea, Harvard University Press publica *Scarcity,* una obra de Fredrik Albritton Jonsson y Carl Wennerlind sobre la historia intelectual del concepto, mientras Yale University Press hace lo propio con *The Invention of Scarcity,* donde Deborah Valenze pone en cuestión la economía política de Malthus. Y si los arquitectos, artistas y escritores de la Trienal provienen mayoritariamente del Sur Global, los autores de los volúmenes de las prensas universitarias representan cabalmente el clima académico del Norte Global, ya que dos de ellos son suecos que enseñan en Chicago y el Barnard College de la Universidad de Columbia, institución esta que también acoge a la historiadora estadounidense que firma el segundo de los libros.

Esta coincidencia no es azarosa, y la propia comisaria de la Trienal —la arquitecta nigeriana Tosin Oshinowo, formada en Londres y con un estudio que trabaja tanto en Gran Bretaña como en su país de origen— lo expresa en la introducción del catálogo, donde se describe a caballo entre el Norte y el Sur globales, explicando que su defensa de la impermanencia y la adaptabilidad muestran un camino alternativo frente a la fragilidad y la escasez que afectan al conjunto del planeta, en un tiempo marcado por la crisis climática y los conflictos violentos. Aunque África y Oriente Medio estén prioritariamente representados, en la selección aparecen también arquitectos y colectivos latinoamericanos en cuyo trabajo la escasez aguza el ingenio, desde autoconstructores brasileños como las mujeres de Fazendeiras o de Ruina hasta los empeños comunitarios en México de Fernanda Canales o de Comunal, pasando por la generosidad programática de 51-1 en Perú o por las varias experiencias ecuatorianas en estructuras mínimas.

Al igual que los arquitectos, los historiadores exploran la relación entre naturaleza y economía con ánimo crítico, censurando el apetito por la abundancia y el delirio del crecimiento indefinido, otorgando perspectiva a la construcción social de la escasez y hallando en comunidades preindustriales rasgos de resiliencia e inteligencia adaptativa que pueden iluminar un presente sombrío. Albritton Jonsson y Wennerlind abordan la historia intelectual de la escasez desde los orígenes del capitalismo hasta la actual crisis climática, distinguiendo entre las ideologías de la abundancia, que reúnen el dominio de la naturaleza con la expansión de los deseos, y las de la limitación, que constriñen tanto el poder sobre la naturaleza como los deseos humanos, y argumentando que a la Gran Aceleración de la intervención en el planeta durante el último siglo solo puede responderse con un 'gran frenado' que establezca fronteras a la economía y al deseo. La pugna entre los que llaman cornucopianos y finitarios recorre todas las páginas de una historia del pensamiento económico que opone la genealogía del crecimiento infinito, desde Francis Bacon hasta Alfred Marshall y Paul Samuelson, a los críticos de esta doctrina hoy hegemónica, donde a los radicales agrarios, poetas románticos y ecofeministas se suman figuras como Karl Marx o Hannah Arendt: los profesores suecos se suman a estas corrientes críticas, y aventuran que la imprescindible reconciliación de economía y naturaleza, inspirada por la termodinámica y la ecología sistémica, puede alumbrar una deseable Edad de la Reparación.

No muy diferente es el alegato de Valenze, aunque en su caso el énfasis se traslada de la crisis climática a la alimentaria —y de hecho su libro se publica en el marco de la Yale Agrarian Studies Series—, censurando las tesis de Malthus, que en su influyente clásico de 1798, *An Essay on the Principle of Population,* entendió el alimento como una mera mercancía, y argumentó que las hambrunas eran la respuesta a episodios de 'población sobrante'. Combatiendo a quien califica como uno de los fundadores de la economía neoliberal, censura su utilización de la agricultura del grano como medida universal de alimento y civilización, y frente a la centralidad del pan en la cultura europea, la profesora americana usa lecciones de la antropología y de la historia para socavar la herencia de Malthus y ofrecer caminos alternativos para las poblaciones rurales de Europa y el Sur Global. Elogiados ambos por Dipesh Chakrabarty (de quien se reseñó, en *Arquitectura Viva* 237, *The Climate of History in a Planetary Age),* estos dos volúmenes de 2023 atestiguan que el impacto de la actual crisis planetaria está modificando la forma en que percibimos el pasado, y acaso también las herramientas técnicas e intelectuales con las que nos enfrentamos al futuro.

La escasez material puede ir acompañada por la abundancia espiritual, y la última película de Wim Wenders, *Perfect Days,* es un elocuente ejemplo cinematográfico y arquitectónico. Rodada en el Japón de Yasujiro Ozu, la depuración franciscana de la cinta rinde homenaje al autor de *Cuentos de Tokio,* y retrata el vértigo de la ciudad a través de la vida espartana de Hirayama, un limpiador de retretes públicos —al que interpreta el gran Koji Yakusho— que encuentra una felicidad sosegada en las rutinas cotidianas del aseo o el trabajo, en la contemplación y la fotografía de la naturaleza, y en la música de Lou Reed, Van Morrison o Eric Burdon. Las instalaciones sanitarias de las que se ocupa pertenecen a The Tokyo Toilet Project, diecisiete baños públicos en el barrio de Shibuya diseñados por los más relevantes arquitectos japoneses, entre los cuales Fumihiko Maki, Kengo Kuma, Shigeru Ban, Sou Fujimoto, Toyo Ito o Tadao Ando; de manera que a la riqueza emocional del lacónico Hirayama se añade la sofisticación artística de los pabellones y el orgullo cívico de la metrópoli que los promueve. Sí, la escasez puede ser abundante.

# La cliodinámica y nosotros

*Turchin sobre las élites*

Arnold Toynbee afirmó famosamente que «history is not just one damned thing after another», y Peter Turchin se ha propuesto probar la intuición del historiador británico construyendo una colosal base de datos que permite deducir patrones del desarrollo de las organizaciones sociales, así como los factores que provocan sus crisis. Formado como ecólogo en la dinámica de poblaciones, extendió su trabajo con modelos informáticos y macrodatos a las sociedades humanas pasadas y presentes, detectando regularidades recurrentes que permiten formular predicciones estadísticas de los ciclos de integración y desintegración política de los Estados, y dando lugar con sus colegas a un nuevo campo científico que denominan 'cliodinámica' por la musa griega de la historia. En su modelo, los dos factores que provocan el colapso social son la pauperización de las masas —a través de una 'bomba de la riqueza' que transfiere recursos a las minorías dominantes— y la sobreproducción de élites, que se multiplican generando conflictos intestinos, algo que ilustra con numerosos ejemplos históricos, pero que sobre todo le sirve para analizar «nuestra actual época de discordia, con Estados Unidos como foco empírico».

Ruso de origen y estadounidense de formación, Turchin es profesor emérito de la Universidad de Connecticut, investigador asociado de Oxford y jefe de proyecto en el Centro de Ciencias de la Complejidad de Viena, sedes académicas desde las que despliega una labor exigentemente científica que hace contemplar la historia bajo una luz nueva. Su descripción minuciosa de Estados Unidos como una plutocracia es convincente, y lo mismo cabe decir de su análisis de Egipto como militocracia o de China como burocracia, continuidades en el tiempo que extiende a una magistral presentación de los Estados eslavos postsoviéticos, Rusia, Bielorrusia y Ucrania, donde de nuevo sus patrones interpretativos advierten de riesgos e invitan a predicciones. Pero la preocupación fundamental de quien ya en 2010 vaticinó el ascenso de Trump es el futuro de la democracia en Estados Unidos y en el mundo, amenazada por élites plutocráticas y sacudida por líderes de opinión populistas como en su momento el estratega Steve Bannon y hoy el periodista Tucker Carlson.

Aparecida en 2023, la obra esencial de Turchin *End Times* fue publicada como *Final de partida* en enero de 2024 por Debate, y ese mismo mes la editorial presentó *Los años peligrosos,* un agudo análisis de la actual radicalización política del editor y periodista Ramón González Férriz, que sitúa en la eclosión simultánea hace quince años del Tea Party estadounidense y el 15-M español al comienzo de un proceso de polarización que ha liquidado el templado ordoliberalismo europeo, tranformando el mercado de las ideas, profundizando en las políticas de identidad y dejando sin espacio a los que, como él, se consideran liberales centristas, para engendrar un mundo que pronostica como más autoritario y menos libre que el actual. Su relato de la evolución de la cultura *woke* y del nacionalismo reaccionario combina el ascenso de la indignación popular con el surgimiento de nuevas élites, y en eso es deudor de las tesis de Turchin, cuyo trabajo recoge con un punto de cautela. Pero ambos volúmenes merecen leerse a la vez, porque la perspectiva histórica del uno se complementa con la aproximación vertiginosa del otro, en un *zoom* hasta el momento presente que aporta tanta lucidez intelectual como preocupación política.

# El declive de Occidente

*Quinn, Heather: gran historia*

Cada generación reescribe la historia. Y la nuestra, bajo el impacto intelectual y emocional del declive de Occidente, construye relatos del pasado compartido con más sombras que luces. Josephine Quinn, arqueóloga y profesora de Historia Antigua en la Universidad de Oxford, ofrece un vasto fresco narrativo que a lo largo de más de quinientas páginas desmonta el mito de un Occidente construido con tres bloques superpuestos, la civilización griega, la romana y la cristiana, e invita a recorrer cuatro mil años de historia evitando caer en lo que llama 'civilisational thinking', porque el motor del avance en cualquier época se ha hallado sobre todo en el contacto entre culturas, más que en los desarrollos de los supuestos centros civilizatorios. Por su parte, Peter Heather, doctorado en Filosofía por Oxford y profesor de Historia de la Antigüedad Tardía y la Alta Edad Media en el King's College londinense, emplea setecientas páginas para cubrir el ascenso del cristianismo en los mil años que se extienden del 300 al 1300, y argumenta que el triunfo de esta religión no se debió tanto a su difusión popular como a su imposición política, porque desde Constantino la iniciativa estuvo siempre en manos de gobernantes laicos, emperadores o potentados locales, creándose así el vínculo entre la Iglesia y el poder estatal que está en el origen de la Europa Occidental. Al cabo, si la Antigüedad clásica es una ficción y la cultura cristiana una imposición, los pilares históricos de Occidente se resquebrajan y sus virtudes de racionalidad, justicia e innovación se desvanecen.

*How the World Made the West* responde fielmente a su título, porque la historiadora explica persuasivamente de qué forma un centón de culturas diferentes, en permanente flujo de hibridación mutua, construyeron lo que hemos convenido en llamar Occidente. Quinn, autora de una obra importante sobre el Mediterráneo púnico y especialista en los fenicios, subraya cómo estos, junto con egipcios, sumerios y asirios, contribuyeron a crear la cultura de la Grecia antigua, que así se contempla más como un fenómeno de transmisión que de alumbramiento original de ideas o de formas. Las fuentes literarias que emplea son inevitablemente grecolatinas, pero la narración se apoya también en hallazgos arqueológicos y en investigación ambiental en asuntos como el cambio climático o las epidemias, y el resultado es una historia global de ambición similar a la de Peter Frankopan reseñada en *Arquitectura Viva* 254 o a la de los ensayos sobre *big history* compendiados en el número 219 de esta misma revista: una historia de la fertilización cruzada entre las culturas que es también una crítica cáustica de la construcción intelectual de un Occidente asociado a la percepción mítica de Grecia y Roma.

*Christendom: The Triumph of a Religion* es un monumental volumen que relata la consolidación del cristianismo en el milenio que se extiende desde la conversión de Constantino en 312 hasta el bautismo del gran duque Mindaugas de Lituania, el último gobernante pagano de Europa, alrededor de 1250. Heather, que ya había documentado los nexos entre la Europa mediterránea y la nórdica en un libro anterior sobre la caída del Imperio romano —donde se desmonta la tesis de la infiltración pacífica de los bárbaros—, contempla aquí los avatares de las élites romanas alimentadas por el vínculo de la cultura clásica frente a las sociedades góticas que crearon lazos como la 'ruta del ámbar' entre el Báltico y el Adriático. Con ayuda de la dendrocronología, el británico documenta los asentamientos creados por el auge de los reinos cristianos en Bohemia y Polonia para narrar la historia de un triunfo religioso que es en efecto la historia de una imposición política y militar, y que a partir del siglo XIII daría lugar a la Iglesia del papado, las catedrales y las cruzadas, sustituyendo la extrema diversidad de los diez siglos anteriores. El mito de Occidente se comenzó a inventar entonces, y hoy volvemos a visitarlo en su probable crepúsculo.

# The West and the Rest

*Maalouf versus Todd*

Publicados originalmente en francés, *Le labyrinthe des égarés: L'Occident et ses adversaires* (2023) y *La défaite de l'Occident* (2024) aparecen simultáneamente en castellano para presentar versiones opuestas del declive de Occidente. Aunque tanto el escritor francolibanés como el demógrafo y politólogo francés muestran simpatías por ese Sur Global que a menudo se define frente a Occidente como 'the Rest', su actitud frente a 'the West' es opuesta. Amin Maalouf admite que el declive es real, pero asegura que «todos cuantos combaten a Occidente se hallan en una quiebra aún más grave que la suya», por lo que «ni los occidentales ni sus numerosos adversarios son hoy capaces de conducir a la humanidad fuera del laberinto en que anda perdida»; Emmanuel Todd, por el contrario, piensa que «es una crisis occidental, y más concretamente una crisis terminal estadounidense, la que pone en peligro el equilibrio del planeta», y explica las razones por las cuales «el resto del mundo eligió Rusia» en su conflicto con Occidente en Ucrania.

*El laberinto de los extraviados* examina el trayecto en la historia reciente de tres grandes naciones —el Japón de la era Meiji, la Rusia soviética y China— que han desafiado la primacía de un Occidente representado primero por la Europa de las metrópolis coloniales y desde principios del siglo XX por los Estados Unidos de América, que «vencieron militarmente a Japón, salieron triunfadores de la Guerra Fría con la Unión Soviética y son los que están en primera línea para plantar cara a la ascensión de China». Apoyándose en la documentación que le ofrecen un centenar de títulos, el libro resume con elegancia y fluidez la historia convencional de la pugna entre este conjunto de potencias, y su relato ameno se lee con gusto, iluminado por una singular galería de personajes, ilustrado por un centón de microhistorias, y tejido con narrativas que se entrelazan con agilidad. El epílogo, que examina las 'vidas paralelas' y el enfrentamiento actual entre China y Estados Unidos, se cierra con la guerra de Ucrania, donde la ausencia de condena de numerosos países de África, Asia y Latinoamérica se atribuye a la persistencia del sentimiento anticolonial y a la percepción de un doble rasero en la conducta de Occidente, pero cuyo desarrollo y causas se abordan con solo buenas palabras y beneméritas intenciones, frente a lo que se define como «todo un estropicio, qué duda cabe».

En musculoso contraste, *La derrota de Occidente* se inicia en Ucrania, enumerando las sorpresas de la guerra, desde la resistencia militar del país invadido y la resistencia económica del país invasor hasta el desmoronamiento de la autonomía europea, la incapacidad industrial de los Estados Unidos y la soledad ideológica de Occidente. Todd analiza la estabilidad rusa frente a las sanciones, deplora el suicidio asistido de una Europa que ha renunciado al gas ruso, y asegura que los Estados Unidos están gobernados por una oligarquía nihilista que se comporta de forma irracional, como prueban sus decisiones en Gaza. El analista, que en su día predijo el colapso de la Unión Soviética, pronostica ahora que Rusia ganará la guerra de Ucrania, porque para ellos es una cuestión existencial, algo que no ocurre en el caso de Washington. Y tal como ha hecho en libros anteriores, recurre a la economía crítica, a la sociología religiosa y a la antropología para explicar el tránsito del neoliberalismo al nihilismo, y la división del mundo entre los países con estructura familiar nuclear e individualista y aquellos donde pervive un sistema familiar comunitario, caracterizado por el autoritarismo y el igualitarismo. La desaparición del protestantismo y la tensión entre la familia bilateral y nuclear, que es la base de la democracia liberal, y la familia patrilineal, que hallamos sobre todo en el Sur Global, son los grandes ejes de una interpretación lúcida del mundo contemporáneo que circula por cauces diferentes a los habituales en los medios de comunicación. Si el demógrafo y politólogo tiene razón, 'the Rest' se impondrá a 'the West', y Kiev será otro Saigón, otro Bagdad u otro Kabul.

# Obras históricas

*Fischer von Erlach en facsímil*

Como bien señala Pier Paolo Tamburelli en su introducción, el monumental *Entwurff* de Fischer von Erlach no es historia de la arquitectura, sino arquitectura histórica. El arquitecto y profesor italiano, cuyos libros *On Bramante* y su *Grundkurs* en la Universidad Técnica de Viena fueron reseñados en *Arquitectura Viva,* regresa a su compromiso académico en la TU Wien para coeditar con Maarten Delbeke una versión traducida al inglés y un facsímil del original alemán y francés de la obra magna del erudito y arquitecto austríaco, que conmemora el tercer centenario de su publicación (1721) y de la muerte de Fischer (1723). La edición vienesa inicial estaba dividida en cinco libros de gran formato, 39,5 x 56 centímetros, y de ella se hizo un facsímil diminuto (12 x 17,5 centímetros) en 1978; la actual explora un formato intermedio, 17 x 24 centímetros, para hacerla legible y asequible, y para que pueda caber «en las estanterías estándar de los pisos de (como mucho) clase media-baja en los que están destinados a vivir los estudiantes, arquitectos y estudiosos contemporáneos».

El texto de Tamburelli, que presenta el *Entwurff* como una versión expandida de las siete maravillas del mundo antiguo, subraya que Fischer sigue una senda opuesta a la que más tarde recorrería la arquitectura moderna, que excluyó de su relato los actos, paisajes y edificios rituales, mientras que el austríaco centró su *Bosquejo* precisamente en ellos, manifestando un vigor de lo ritual que llega hasta nuestra época: «El monte Rushmore se esculpió con dinamita desde 1927, el mismo año de la Weissenhofsiedlung; en las montañas próximas a El Cairo se excavaron iglesias coptas en 1970, con bajorrelieves ejecutados mediante martillo neumático; o una copia de la basílica de San Pedro comenzó a levantarse en 1985 junto a un lago infestado de cocodrilos en Costa de Marfil». Los estudios introductorios, firmados también por su coeditor Delbeke y por Steven Lauritano, hacen más valiosa aún esta edición de un libro cuya magia visual es a la vez una historia de la arqueología barroca y una interpretación de la obra de Fischer von Erlach, pero difícilmente una historia comparada de la arquitectura.

# El sastre remendado

*Aby Warburg, figura menor*

Aby Warburg (1866-1929) y su mítico *Atlas Mnemosyne* son una referencia obligada de la historia del arte y de los estudios visuales. De su influencia sobre nuestro trabajo pueden dar fe tanto 'Casa, cuerpo, crisis' *(AV* 104, 2003) como 'Pensar con los ojos' *(Arquitectura Viva* 260, 2023), y de su popularidad reciente se hizo eco Simón Marchán con su reseña de un libro de Akal y una exposición en el Reina Sofía, ambas referidas al *Atlas (Arquitectura Viva* 135, 2010). La más accesible recopilación de sus textos apareció en la formidable serie 'Texts and Documents' del Getty, editada por Kurt Forster *(The Renewal of Pagan Antiquity,* 1999) y lo mismo Georges Didi-Huberman *(L'Image survivante,* 2002) que Philippe-Alain Michaud *(Aby Warburg and the Image in Motion,* 2004) han contribuido a una lectura contemporánea de su legado, pero la biografía de referencia ha sido durante mucho tiempo la de Ernst H. Gombrich, que en 1970 publicó *Aby Warburg: An Intellectual Biography* tras ordenar sus papeles por encargo de su discípulo Fritz Saxl.

La aparición de una nueva biografía medio siglo después es un hecho reseñable, y más si se propone revisar una figura totémica «a menudo reverenciada con una intensidad casi hagiográfica». Gestada, como la de Gombrich, en el marco del Warburg Institute de Londres —a donde se trasladó la biblioteca creada por el historiador en Hamburgo tras su muerte y el ascenso del nazismo—, la obra de Hans C. Hönes es un volumen minuciosamente documentado, que presenta a Warburg como una 'figura menor', un historiador del arte renacentista «siempre en los márgenes intelectuales e institucionales de la disciplina», y a cuyo enredado trayecto biográfico hace alusión el título, *Tangled Paths*.

Warburg se comparó en alguna ocasión con el protagonista de la novela de Thomas Carlyle *Sartor Resartus,* una sátira de Hegel y el idealismo germánico donde el profesor Diogenes Teufelsdröckh forcejea con una trascendental y disparatada Teoría General de la Ropa, acaso un trasunto de sus esfuerzos por alumbrar una 'ciencia sin nombre' que fertilizase la antropología del arte con la cultura visual. Este 'sastre remendado' dejó muchos proyectos inacabados, debido en parte a su reticencia frente a la publicación, y en parte a una mente combinatoria que reordenaba continuamente textos e imágenes, interrumpidos periódicamente por etapas de internamiento en sanatorios psiquiátricos, donde llegó a estar casi seis años.

Ninguno más importante que el *Atlas,* la colección de paneles donde se ponían en diálogo las imágenes reunidas a lo largo de su vida, un proyecto brillante y alucinado que ocuparía la última etapa de su carrera, desarrollada entre Florencia, Hamburgo y los hospitales suizos, y sufragada con los inagotables recursos de su familia de banqueros. Primogénito, cedió a sus hermanos el negocio financiero a cambio del compromiso de sufragar su formidable biblioteca —en un acuerdo de ecos bíblicos que se incorporó a su mitología personal—, hoy alojada en Londres en el instituto que lleva su nombre, un centro de excelencia de la investigación en las humanidades y en las artes. Con los perfiles legendarios del héroe intelectual solitario, y comparado hoy con contemporáneos como Walter Benjamin, Sigmund Freud o Friedrich Nietzsche, Warburg ha tenido más influencia póstuma que reconocimiento en vida, pero la biografía ejemplar de Hönes desenreda su trayecto mostrando sus vínculos con las preocupaciones metodológicas de su tiempo y la emergencia todavía imprecisa de la historia del arte como disciplina.

# Ocio en la azotea

*Le Corbusier y Carlos de Beistegui*

La única obra surreal de Le Corbusier no es suya. Como muestra la monumental monografía del profesor de la Universidad de Aquisgrán Wim van den Bergh, la celebérrima imagen de la terraza plantada de hierba y con el parisino Arco de Triunfo emergiendo sobre un muro donde se abre una historicista chimenea no obedece tanto a un improbable coqueteo del arquitecto con un movimiento surrealista que le era ajeno, sino a la imperativa voluntad de un cliente deseoso de tener una *chambre en plein air* para recibir a sus invitados. El autor se declara fascinado con las que llama 'casas autobiográficas', que clasifica en tres categorías: aquellas en que el cliente delega en el arquitecto la materialización de sus sueños, como la Farnsworth de Mies, la Fallingwater de Wright o la villa Savoye de Le Corbusier y Jeanneret; las que se gestan en un diálogo fértil entre ambos, como la casa Schröder de Rietveld o la villa Mairea de Aalto; y aquellas por último donde el cliente impone sus preferencias estilísticas al diseñador hasta el punto de desdibujar la autoría, como ocurre en la casa Malaparte o la villa Noailles, solo nominalmente atribuidas a Libera o a Mallet-Stevens, y también en el apartamento Beistegui, que tras su *recherche patiente* es difícil asignar plenamente al maestro francosuizo y a su primo Pierre, firmantes de la reforma del ático, y autores de los 340 dibujos conservados en la Fondation Le Corbusier, donde también se guarda la detallada correspondencia entre el arquitecto y el cliente.

Inmensamente rico, Carlos de Beistegui y de Yturbe formaba parte de la élite dorada y ociosa de los años veinte. Nacido en Francia y educado en Eton, hijo de un embajador mexicano con raíces vascas, el que sus amigos llamaban Charles era amigo personal de reyes como Alfonso XIII de España o Eduardo VII de Inglaterra, y su vida era una secuencia interminable de *soirées* y fiestas recogidas puntualmente por las revistas de papel *couché,* de forma que conocemos mejor el apartamento que se hizo construir en los Campos Elíseos por estas publicaciones que por lo documentado en las revistas de arquitectura. El ático estaba destinado esencialmente a ser escenario de las fiestas ofrecidas a su exclusivo círculo de amistades, y de ahí el título del libro, *Machine à Amuser,* porque frente a la *machine à habiter* preconizada por Le Corbusier, su propósito no era otro que entretener y divertir. Resultado de un pequeño concurso realizado en 1929 entre André Lurçat, que se había formado con Mallet-Stevens, Gabriel Guevrekian, autor de un jardín cubista para los Noailles y antiguo empleado de Le Corbusier, y el propio maestro junto a Pierre Jeanneret, la propuesta finalmente aceptada de estos últimos fue objeto de siete proyectos sucesivos para acomodarse a las instrucciones cambiantes de Beistegui, y todos ellos —junto a los tres del concurso— se documentan en el volumen, que incluso añade una reconstrucción de lo definitivamente construido elaborada con las fotos que han llegado hasta nosotros, y que muestran diferencias sustanciales respecto a los últimos planos.

Como Van den Bergh argumenta en su minuciosa investigación, Beistegui se inspiró sobre todo en la villa Noailles, terminada en 1928 y en efecto producto de los gustos de Charles de Noailles y su esposa Marie-Laure, aristócratas y patronos de la arquitectura moderna y de la vanguardia artística, y figuras de referencia en materia de gustos para la alta sociedad parisina. Y aunque es cierto que Le Corbusier había hecho de los jardines en cubierta uno de sus cinco puntos de la arquitectura moderna, circunstancia a la que se refiere en su correspondencia con el cliente, también es verdad que el propósito esencial que guiaba a Beistegui era superar en visibilidad social al matrimonio que había puesto de moda la modernidad en sus círculos, y confiaba en poder ofrecer más placer hedonista y más diversión ociosa que la villa que toma como referencia. Con ayuda de diferentes fotos aéreas, el autor documenta igualmente la degradación gradual del apartamento entre 1938 y 1961, y así puede fechar la eliminación de los setos, la desaparición del periscopio, el cierre de la chimenea al aire libre o la sustitución de los muros de vidrio por fenestración convencional. Como al cabo concluye Van den Bergh, si la dimensión funcional del apartamento puede atribuirse a Le Corbusier y Jeanneret, la hedonista solo corresponde a su dueño y habitante, Carlos de Beistegui, que le otorgó la identidad de *machine à amuser.*

# La casa de la doctora

*Edith Farnsworth y Mies*

Edith Farnsworth regresa a casa. La obra mítica de Mies van der Rohe, que fue adquirida por el National Trust en 2003, celebra sus veinte años abierta al público homenajeando a la nefróloga que encargó el proyecto en 1945. El énfasis en el arquitecto —expresado lacónicamente en la popular camiseta vendida en el centro de visitantes, con la leyenda 'All About Mies'— se ha modificado para poner el foco en su cliente, con una exposición en 2020 que mostraba en la casa el mobiliario escandinavo elegido por la doctora contra la opinión de Mies, con el cambio de nombre en 2021, y con un gran volumen en 2024 que tiene por título la nueva denominación del Historic Site, introducido por su director ejecutivo Scott Mehaffey con un artículo que es una declaración de principios: 'Putting Edith back into the Farnsworth House'.

El libro está a cargo del arquitecto e historiador Michelangelo Sabatino, profesor del Illinois Institute of Technology y bien conocido por los lectores de *Arquitectura Viva,* porque desde que en 2010 nuestro recordado Richard Ingersoll escribiese en el número 133 sobre su obra más celebrada, *Pride in Modesty,* sus títulos sobre Canadá, New Harmony, Howard Barnstone o las casas de Chicago se han reseñado respectivamente en los números 195, 221, 232 y 233 de la revista. Ese último volumen, *Modern in the Middle: Chicago Houses 1929-1975,* es una buena introducción al que ahora se comenta, porque la mala acogida en 1952 de la entonces llamada 'Country House in Fox River' en *House & Garden,* donde se la describía como «a glass shell that 'floats' in the air», está relacionada con la pugna en la región entre la arquitectura orgánica wrightiana de piedra, ladrillo y madera, y la moderna que prefería materiales industriales como el acero o el vidrio. El mismo rechazo se manifestaría al año siguiente en otra revista, *House Beautiful,* cuya directora, Elizabeth Gordon, censuró el culto a la austeridad de Mies y Le Corbusier con un artículo frecuentemente citado, 'The Threat to the Next America'.

La primera propietaria de esta casa de vidrio —que no se la conoce como Glass House porque Philip Johnson se precipitó para adelantar a su maestro construyendo antes una residencia vítrea— fue una persona singular, licenciada en Literatura en la Universidad de Chicago, formada como violinista con Mario Conti en Italia, doctora en medicina y nefróloga en ejercicio cuando encarga el proyecto, y traductora de literatura italiana en una última etapa, cuando, tras adquirir una residencia del siglo XV, se afinca en Florencia para formar parte del círculo de Eugenio Montale: una de sus poesías, traducida por ella al inglés, sirve precisamente de pórtico del volumen.

Como es sabido, el promotor inmobiliario y coleccionista de arte Peter Palumbo compró la casa en 1968, tras quince años de uso por la doctora, y treinta y cinco después ofreció su venta en Sotheby's, pasando finalmente al dominio público. El monumental libro de Sabatino completa la resignificación de la obra, amén de suministrar un cúmulo de información documental y gráfica sobre el proceso de diseño, la no siempre fácil relación entre el arquitecto y la doctora —que condujo al famoso pleito entre ambos— y la recepción crítica de la casa. A los tres ensayos del autor se unen los redactados por el arquitecto y profesor Dietrich Neumann, el paisajista y también docente Ron Henderson, y la historiadora de la arquitectura Hilary Lewis, que por cierto dirige la Glass House, también hoy en manos del National Trust.

bién hoy en manos del National Trust.

Y a esta fenomenal riqueza informativa se une la primera publicación de tres de los capítulos de las aún inéditas memorias de Edith Farnsworth, redactadas ya en su retiro italiano, donde con caligrafía aplicada de escolar se rememora su relación con Mies y la construcción de una casa icónica, a la que ahora regresa con reconocimiento y homenaje al papel que tuvo en su gestación.

# Grados del gris

*La teoría del color de Sloterdijk*

En la senda mítica de Goethe, Peter Sloterdijk ensaya una teoría del color. Del pensador alemán nos hemos ocupado reiteradamente en *Arquitectura Viva* desde 2003, examinando sus textos sobre 'atmoterrorismo', la domesticación humana, el rechazo de la modernidad o su filosofía de la belleza. Esta última exploración estética se prolonga ahora con un libro que enhebra muchas de sus intuiciones artísticas o literarias alrededor del color gris, que el filósofo asocia al mundo contemporáneo.

No es fácil abordar la crítica cromática —en esa revista lo intentamos con 'Colores culpables' y 'Culturas del color', dos artículos sintéticos, uno arquitectónico y otro bibliográfico—, y Sloterdijk lo hace con un texto dividido en cinco capítulos por cuatro digresiones, pero que es al cabo una pura digresión serpenteante por los campos del pensamiento, la política o el arte. Con más estructura que los libros últimos —colecciones de conferencias y artículos de ocasión—, pero con un orden arbitrario que evoca la dispersión de su trilogía esférica, *Gris. El color de la contemporaneidad* navega por el universo cromático construyendo a retazos la 'Farbenlehre' del título original.

Usando como referencia la famosa frase de Cézanne, «Mientras no se haya pintado un gris no se es pintor», Sloterdijk asegura que «mientras no se haya pensado en el gris no se es filósofo», subraya que las rupturas revolucionarias son esencialmente cromáticas, y propone el gris mate parduzco que proviene de mezclar colores como el propio de la actualidad, frente el 'idilio polícromo' de la deseada sociedad arcoíris.

De forma más inesperada que inevitable, encuentra el gris en las sombras de la caverna platónica, en el crepúsculo donde Hegel ve volar a la lechuza de Atenea y en la niebla que envuelve el pensamiento de Heidegger, dotando de credenciales filosóficas a un color que halla después en las banderas grises de la política, en el gris espectral de la fotografía o en el gris conmovedor de las tempestades alpinas, para completar su recorrido en los éxtasis grises de la teología o la escatología. «Los dos milenios y medio que pasaron hasta que el pensamiento de Jonia se trasladó a Jena» son el marco en que se mueve la erudición de Sloterdijk, que al cabo se desliza hasta la estética gris de un tiempo indiferente, que relaciona con «un estado de ánimo gris Merkel» y con el futuro verde-gris de una política normativa.

La fuerza icónica de los colores articula un texto por el que circulan Herman Melville y Edgar Allan Poe, Theo van Doesburg e Yves Klein, Franz Kafka y André Breton, Thomas Mann y Cormac McCarthy, Nietzsche y Marcel Duchamp, Lutero y el Libro de Job. Sloterdijk transita sin solución de continuidad de la literatura a la historia, de las artes a la política, y de la mitología a la religión para confeccionar una narración sinuosa y renuente, con fogonazos fascinantes y trechos donde el curso del pensamiento se demora y extravía, como un río cuyo tramo final serpentea en meandros y se divide en trazos indecisos. Este delta reflexivo, fértil y confuso se desdibuja en su desembocadura, pero le cabe un último reconocimiento al *Fausto* de Goethe, oponiendo el matiz gris-gris a su vínculo de la vida con el reflejo cromático. Sorprendentemente, el filósofo evita citar al Mefistófeles en cuya boca se pone: «Gris, querido amigo, es toda teoría, verde es el árbol dorado de la vida». Goethe está desde luego presente desde las primeras páginas, pero en su diálogo con él, Sloterdijk llega a una conclusión perfectamente opuesta.

Para la arquitectura, el gris y sus infinitos matices ha sido un valor refugio, desde que Adolf Loos afirmara desafiantemente «Yo visto de gris y como *roast beef*» para subrayar su compromiso con una estética del despojamiento. La formación de antaño exigía representar la estatuaria clásica con carboncillo y difumino o mediante lavado, técnicas ambas que permiten modelar mediante grados de gris, y la grisalla ha sido una técnica para aproximarse al trampantojo del bajorrelieve antes que la 'grisalla' se usara como sinónimo de la grisura económica o social.

El gris del humo, la niebla, la ceniza o el polvo es también el gris del plomo y de la plata, del acero o la piedra, del metal o el cemento: es sombras o aristas, siempre oscilante entre la turbiedad de las zonas grises o el desánimo deprimente de una vida gris y la promesa intelectual de la materia gris o la riqueza perfumada del ámbar gris que segrega el cachalote, pero al cabo inevitablemente asociado a la tristeza y a la melancolía. Como cantaban Los Bravos en una canción que en 1966 alcanzó la cumbre de las listas: «Black is black / I want my baby back / It's grey, it's grey / since she went away». En ese gris no cabían grados.

# La urbanidad utópica

*Chakrabarti, Pope: otra ciudad*


Vishaan Chakrabarti y Albert Pope proponen nuevos modelos de ciudad. Pero mientras el neoyorquino nacido en Calcuta y líder del estudio PAU defiende una utopía pragmática que inserte arquitecturas ecológicas en la urbe existente, el profesor de Rice y animador del *think tank* Present Future preconiza una utopía inversa de rascacielos y bloques colosales que dan forma a la Gran Aceleración producida desde mediados del siglo xx. Ambos contienen capítulos gráficos con análisis y ejemplos, y ambos incorporan también el trabajo de sus colectivos: los encargos profesionales y las iniciativas urbanas de PAU, que incluyen los proyectos propositivos con *The New York Times* para incrementar los alojamientos en la ciudad; y los trabajos escolares con Present Future para regenerar amplias zonas de Houston o Detroit con ambiciosos conjuntos de edificios en altura sobre una alfombra vegetal. Enfrentándose a los dilemas y al futuro de la ciudad americana, los dos arquitectos llegan a conclusiones polémicamente diferentes.

*The Architecture of Urbanity* fue precedido por *A Country of Cities* (2013, con prólogo de Norman Foster), y Chakrabarti extiende aquí su defensa de la densidad urbana, ahora en el marco de un mundo golpeado por la crisis climática, las pandemias o las mutaciones tecnológicas. Especialmente sensible a los temas del racismo, la desigualdad social o el ascenso del fascismo, establece una genealogía urbanística que desde Haussmann, Cerdá o Le Corbusier llega hasta Robert Moses, Jane Jacobs y Rem Koolhaas, para culminar con Hannah Beachler, la afroamericana que diseñó los escenarios de las películas de superhéroes *Black Panther* y *Wakanda Forever* con una estética afrofuturista que le valió ser considerada 'urbanista del año' por los críticos Mark Lamster y Alexandra Lange. Pero Chakrabarti no es tan original en su galería de héroes arquitectónicos, que incluye a recientes galardonados con el Premio Pritzker —Aravena, Lacaton & Vassal, Doshi, Kéré o las Grafton—, a los que añade a O'Donnell & Tuomey, Michael Maltzan, Tatiana Bilbao o Marina Tabassum. Al final, su propuesta pragmática cristaliza en conjuntos de escala 'Ricitos de Oro' —120 viviendas por hectárea— formados por edificios de tres plantas que permiten evitar las restricciones de las normas de incendios o acceso en silla de ruedas, para rescatar con arquitectura la ciudad distorsionada por el capital y los códigos.

El argumento de *Inverse Utopia* fue asimismo prefigurado en *Ladders* (1996, 2015 con prólogo de Pier Vittorio Aureli), y Pope refina ahora su propuesta teórica, que rechaza el eclecticismo arquitectónico y urbano para asumir como referencia esencial el Lafayette Park de Mies y Hilberseimer, siendo este último protagonista inevitable del volumen. Entendiendo que la Gran Aceleración nos ha hecho transitar de la metrópolis a la megalópolis, y de la lógica mecánica de la malla al organicismo del espinazo, censura las que llama 'simulaciones urbanas' —la Waterfront City de OMA, la Masdar City de Foster o la Daimler Platz de Piano— para elogiar los esfuerzos hechos desde Patrick Geddes hasta Archigram o Fuller en su empeño por dar forma urbana a la tecnosfera. Pero la Ciudad Jardín de Ebenezer Howard o la Ciudad Radiante de Le Corbusier han sido al cabo las que han colonizado el planeta, y ambas se basan en el espinazo —una columna vertebral horizontal o vertical consistente en un eje primario terminado en fondo de saco y cruzado transversalmente por ejes secundarios— como geometría de agregación, y es este esquema inspirado en Hilberseimer el que se usa en sus propuestas de rascacielos de madera estructural entre plantaciones de bosques sostenibles. De Theodor Adorno a Peter Sloterdijk, pasando por Günther Anders (al que debe la expresión 'utopía inversa'), la filosofía germana anima un texto que recoge también con fascinación los extremos de densidad asiáticos —que llegan a las 700 viviendas por hectárea en la City One de Hong Kong— para imaginar una distopía acaso verosímil.

# Doce retratos

# Un sabio equilibrista

*Kurt Forster*

Balanceándose sobre el trampolín de su piscina, mientras se dirigía a los *scholars* del Getty Center durante una cena de despedida en el verano de 1990. Así quiero recordar a Kurt Walter Forster, el gran historiador suizo de la arquitectura, que murió el 6 de enero en su casa de Nueva York. Aquella *performance* teatral en Los Ángeles, que nos tuvo tan pendientes de su fluida oratoria como del riesgo de la caída, resume bien una trayectoria intelectual que caminó con aplomo por el alambre que une la erudición renacentista con las vanguardias contemporáneas. El trapecista había nacido en Zúrich en 1935, y su formación como historiador en Berlín y Múnich le dio una familiaridad con Alberti, Palladio o su amado Giulio Romano que profundizó en Italia y desarrolló como profesor en las universidades de Yale (1960-1967) y Stanford (1967-1982), pero su conocimiento íntimo de la arquitectura del Renacimiento no le impidió aproximarse con curiosidad y con pasión a la del siglo XX.

Su larga residencia californiana le vinculó a los arquitectos de la Costa Oeste, y cuando en 1984 se convirtió en el primer director del Getty Center for the History of Art and the Humanities, Frank Gehry sería objeto de su más ambicioso proyecto de investigación, que daría lugar en 1990 a minuciosos artículos en *Arquitectura Viva* y en la monografía de *AV* dedicada al arquitecto, culminando en 1998 con el volumen que publicó en Electa junto a Francesco Dal Co. Esta fascinación por la vanguardia americana —que incluía desde luego a Peter Eisenman, para cuya monografía de *AV* redactó en 1995 el texto más extenso de los publicados— supo hacerla compatible con el formidable empeño académico de la serie 'Textos y Documentos' del Getty, editada por Julia Bloomfield, para la que tuvo el apoyo de Thomas Reese y Harry Mallgrave, y donde aparecerían obras esenciales de Otto Wagner, Winckelmann, Piranesi, Le Roy, Riegl, Warburg, Burckhardt o Semper.

Tras dejar el Getty en 1992, se incorporó a su *alma mater* la ETH para dirigir en Zúrich el Instituto de Teoría e Historia de la Arquitectura, donde se jubiló en 1999. Su inquietud intelectual y su amor a Italia le animaron a continuar su carrera docente como director de la Academia de Arquitectura de Mendrisio, pero su enfoque no resultaría compatible con el liderazgo político de Mario Botta y el artístico de Peter Zumthor, así que al poco regresó a Estados Unidos, donde Robert Stern le encomendó el programa doctoral de Yale. En 2004 escribió para nosotros sobre el centenario de Giuseppe Terragni, una figura especialmente próxima para Forster por el vínculo con su nieta Elisabetta, y ese mismo año actuó como director de la Bienal de Venecia, donde un jurado que tuve el honor de presidir concedió el León de Oro por su carrera a otro devoto de Terragni, Peter Eisenman, y el de obras al Museo de Kanazawa de SANAA, dos galardones en sintonía con el espíritu experimental del comisario de la muestra.

Siempre con un pie en la historia y otro en lo contemporáneo, en 2018 pudo al fin rematar un libro sobre Schinkel que llevaba años en gestación, mientras su atención generosa a los arquitectos que habían compartido su trayecto en el mundo le llevó a redactar para *Arquitectura Viva* las despedidas de Oswald Mathias Ungers, Paul Rudolph o Arata Isozaki. En 2022 me habló sobre su diagnóstico de cáncer, pero el tratamiento no le impidió seguir activo hasta el final, escribiendo textos tan emotivos como el que publicó poco antes de morir sobre el fotógrafo Giovanni Chiaramonte, mostrando la misma agudeza intelectual y visual que en su texto de *AV* sobre Andreas Gursky dos décadas antes. El día de la Epifanía la historia perdió el brillo áureo de su investigación, los arquitectos el humo fragante de sus escritos y sus amigos el aroma hipnótico de su palabra: oro, incienso y mirra que quiero imaginar reunidos en torno a una plancha oscilante sobre el agua, hace ya treinta y tres veranos.

# El ingeniero que cambió Madrid

*Manuel Melis Maynar*

MMM hizo muchas cosas, pero será recordado como el ingeniero que ejecutó los grandes proyectos urbanos de Alberto Ruiz-Gallardón, como presidente de la Comunidad de Madrid entre 1995 y 2003, y como alcalde de la ciudad entre 2003 y 2011. Aragonés de recio carácter, Manuel Melis Maynar defendió la competencia técnica en la enseñanza universitaria y en la construcción de infraestructuras, y su tenacidad desafiante le dio fama de polémico, algo que procuraba «sobrellevar con cierta entereza, impavidez y sosiego». Pero solo gracias a ese empeño incombustible pudo legar a Madrid el Metrosur y el soterramiento de la M-30, y a los estudiantes sus formidables volúmenes sobre la construcción de túneles o la dinámica ferroviaria.

Nacido en Zaragoza en 1944 y formado como ingeniero en Madrid y Wisconsin, simultaneó su dedicación académica con la vida profesional, haciendo compatible su cátedra de Geotecnia en la Escuela de Caminos de La Coruña y la posterior cátedra de Ferrocarriles en la Escuela de Madrid con la intervención en diferentes infraestructuras en España y otros países, y culminó su carrera con las obras realizadas durante tres lustros para Ruiz-Gallardón: la ampliación de la red de metro, con más de 100 kilómetros de túneles y 100 nuevas estaciones e intercambiadores, incluyendo los 41 kilómetros del anillo Metrosur; y el soterramiento de la autopista periférica M-30 —de la dimensión del Big Dig de Boston, pero ejecutado en 22 meses en lugar de 22 años—, con 66 kilómetros de túneles de pantallas y los mayores realizados en el mundo con tuneladoras de 15 metros de diámetro, amén de colosales colectores en las márgenes del río: el Madrid de Ruiz-Gallardón fue también el Madrid de Melis.

La experiencia de proyectar y dirigir esas grandes obras se vertió en dos libros del tamaño de guías telefónicas que, publicados por la Universidad Politécnica de Madrid y bajo el modesto título de *Apuntes de introducción,* recogen exhaustivamente los análisis teóricos y métodos de cálculo de túneles y vías, que se complementan con una descripción minuciosa tanto de las experiencias madrileñas de Melis —en lo que tiene algo de *apologia pro vita sua*— como de la alta velocidad española, de la que era sumamente crítico, juzgando errónea la decisión económica de usar balasto en lugar de placa, lo que limita la velocidad de los trenes, y censurando también el deficiente diseño de las vías, que provocan golpes en los trenes, circunstancias que atribuía a la baja preparación técnica de los ingenieros y a la baja calidad de los políticos al frente de la infraestructuras.

Nuestra amistad tuvo origen en el concurso para diseñar las riberas del Manzanares, que se abrían a la ciudad tras enterrar la M-30, al que dimos el nombre de Madrid Río y que organicé por encargo del alcalde. Melis no veía con simpatía a los arquitectos, y temía las extravagancias que pudieran interferir con sus túneles, así que procuré reconciliarle con la profesión defendiendo el componente politécnico de los formados en España, y subrayando la visión infraestructural de planes como el de Zuazo, cuyas memorias le regalé junto con las de Haussmann, por cuya transformación de París sentía una lógica admiración.

Reseñé su libro sobre túneles en *Arquitectura Viva*, juzgando su relato en primera persona de las obras madrileñas como «un singular documento histórico… disfrazado de apuntes universitarios», y le invité a publicar en la revista la valoración crítica de la red de AVE contenida en sus apuntes ferroviarios, pero al final desistió, de manera que su lúcido análisis permaneció emboscado en esa publicación académica, donde ojalá inspire con su inteligencia y su coraje a las nuevas generaciones de ingenieros. Gran aficionado a la ópera, lo mismo que el también recientemente desaparecido Julio Martínez Calzón, guardo en la memoria los almuerzos con ambos ingenieros como un raro lujo que me permitió disfrutar de su común devoción por la razón técnica y por la razón lírica.

# La madurez insigne

*Antonio Fernández Alba*

«Yo canto para luego tu perfil y tu gracia.
La madurez insigne de tu conocimiento».
Federico García Lorca, *Llanto por Ignacio Sánchez Mejías*

Antonio Fernández Alba hubiera merecido un poeta en esta ceremonia triste de los adioses, porque su itinerario vital e intelectual no fue sino una aventura lírica y artística. En otro siglo habría sido conocido con un diferente octosílabo rotundo, Antonio de Salamanca, porque era de su raíz castellana donde extraía el elegante aplomo ascético de su figura. Alto y delgado, enfundado en trajes grises de corte exacto, y con una cabeza de senador romano que infundía respeto antes de desgranar cualquier asunto con voz grave, Fernández Alba ejercía su aristocracia espiritual con una generosidad que no excluía la crítica cáustica. A los 96 años —que se antojan pocos sabiendo de sus padres centenarios—, Antonio nos dejó el 7 de mayo, confortado por sus tres hijas, Miriam, Marta y Nuria, y «todos sentidos humanos / conservados», como el padre de Jorge Manrique, pero con la ausencia lacerante de su mujer Enriqueta, fallecida durante la pandemia y a la que no pudimos despedir como se merecía.

Otros hablarán de sus edificios, de los conventos salmantinos a las obras universitarias por media España, y evocarán el perfil de fortaleza que conjuga sus fidelidades orgánicas con la monumentalidad en sordina de su etapa tardía; otros registrarán su devoción por la historia en sus proyectos patrimoniales, de la Clerecía de San Marcos a las grandes realizaciones de la Ilustración en el Salón del Prado, y recordarán sus diálogos arquitectónicos con Villanueva, Hermosilla o Sabatini; otros elogiarán su extraordinaria impronta pedagógica, al regenerar la Escuela de Madrid con ideas y con formas, y rescatarán de la memoria el polvo de tiza de pizarras desvanecidas donde abrevió las trazas de El Escorial o la Alhambra; otros enumerarán sus múltiples escritos, sus artículos severos y sus libros de títulos poéticos y herméticos, fingiendo que algo de su enseñanza y su figura sobrevive en la palabra impresa; pero yo solo escribiré aquí de su elegancia personal, porque «no vinimos para escuchar al maestro, sino para ver cómo se ata las cintas de las sandalias», y el ejemplo de vida de Fernández Alba es una estampa veraz de su independencia intelectual y de su sensibilidad cívica. Tardará tiempo en nacer, si es que nace, un castellano así, tan rico en luces, al que hoy recordamos con palabras que gimen.

Nuestros pasos se enredan desde los días tempranos de la Escuela, donde fui un joven profesor de su cátedra; organizamos cursos de la Menéndez Pelayo en Toledo, Santander o Sevilla; le acompañé al Ministerio de Cultura durante la etapa efímera y fértil de Javier Solana; publiqué alguno de sus títulos en mis colecciones de Hermann Blume; compartimos la asistencia regular a las sesiones de la Real Academia de Bellas Artes de San Fernando; le entrevisté sobre su trayectoria en una serie de la Fundación Arquia que hoy puede verse en Netflix; me tocó pronunciar su *laudatio* cuando recibió alguna de las múltiples distinciones que celebraron su carrera; y durante todo ese tiempo mi mujer Maite y yo disfrutamos de la amistad con Antonio y Enriqueta: una pareja de excepcional refinamiento y exigente talante, cuya huella se desdibuja hoy con su ceniza, sin que quepa el consuelo falaz de la supervivencia en el legado o en la obra, y que ilumina con violencia la fragilidad de la existencia y la seguridad del olvido. Y yo me iré. Y se quedarán los pájaros cantando.

# El hilo del laberinto

*Joseph Rykwert*

Joseph Rykwert murió el 18 de octubre a los 98 años, y con su desaparición se ha cortado el hilo que durante más de medio siglo nos ha orientado a los arquitectos en los laberintos de la historia. Nacido en Varsovia en 1926, y desplazado con su familia a Inglaterra al iniciarse la II Guerra Mundial en 1939, Joseph se formó en la Bartlett y en la Architectural Association, si bien comenzó su larga carrera académica en la Universidad de Essex en 1967, donde durante trece años impartió un curso de Teoría e Historia de la Arquitectura que dejaría huella. En 1980 se incorporó a Cambridge, y más tarde inició en la Universidad de Pensilvania su etapa americana, pespunteada con estancias en Princeton, Harvard o la Cooper Union. En paralelo a la actividad docente, Rykwert fue un escritor admirablemente original y prolífico, con libros que han influido tanto en el debate arquitectónico como *On Adam's House in Paradise* en 1972, *The Idea of a Town* en 1976 o *The First Moderns* en 1980, además de su continuado interés en Leon Battista Alberti, de cuya *De re aedificatoria* publicó ediciones críticas en 1955 y 1989, y sobre el que organizó con su esposa Anne una exposición en el Palazzo Te de Mantua en 1994.

Con una dimensión antropológica que lo aproximó a Sigfried Giedion y Aldo van Eyck tanto como lo enfrentó polémicamente con Aldo Rossi, Manfredo Tafuri y la Tendenza, Rykwert nos abrió los ojos a la tratadística arquitectónica con *La casa de Adán en el Paraíso,* y se aproximó al fenómeno urbano dando prioridad a lo simbólico frente a lo funcional con *La idea de ciudad,* una obra esencial gestada en la década de los sesenta, y que aparecería en castellano en

1985 con un prólogo de Rafael Moneo. La preparación del libro me dio ocasión de visitarlo por primera vez en su casa de Londres, y en años sucesivos colaboraría con *AV,* donde publicó artículos en 1987 y 1989 —'El útero y la tumba. Antropología de la casa' y 'El culto al museo. Del tesoro al templo'—, lo mismo que en *Arquitectura Viva* en 2003 —'El cielo en la tierra. La ciudad ideal en la historia'—, en aquella ocasión con un tema tan próximo a sus preocupaciones como para que Italia, su genuina patria arquitectónica, le haya despedido en *La Repubblica* bajo el titular «Adiós al arquitecto de la ciudad ideal».

Tan erudito como curioso, Rykwert simultaneó sus textos sobre contemporáneos como Richard Meier con obras donde se entreveraba el cuerpo y el lugar: *The Necessity of Artifice* en 1982, *The Dancing Column* en 1996, *The Seduction of Place* en 2000, *Body and Building* en 2002 o sus memorias, *Remembering Places,* en 2017. En 2009 recibió la Medalla de Oro del Círculo de Bellas Artes madrileño y en 2014 la Medalla de Oro del RIBA, una gran distinción otorgada habitualmente a arquitectos en ejercicio pero también recibida por historiadores o críticos como Nikolaus Pevsner en 1967, John Summerson en 1976 o Colin Rowe en 1995. En esa misma edición me eligieron *international fellow* de la institución británica, y aproveché mi presencia en Londres para intervenir en el seminario que se organizó en el Victoria & Albert en honor del historiador, describiendo el complicado proceso de publicación que había tenido *The Idea of a Town,* y la no menos compleja tarea de su versión en castellano. Tanto la obra original como la edición española llevaban en portada una moneda de Cnosos con el laberinto del Minotauro, y no pude resistir la tentación de comparar la obra de Rykwert con el hilo rojo de la madeja de Ariadna: una guía para orientarnos en la lucha desigual con los monstruos mercantiles que amenazan hoy la arquitectura.

# Utopías en la realidad

*Tham & Videgård*

No hay mejor título que el de August Strindberg para describir la obra de Bolle Tham y Martin Videgård. El mayor referente de la literatura sueca publicó *Utopier i verkligheten* en 1885, año en que nacieron Gunnar Asplund y Sigurd Lewerentz, maestros ineludibles de una arquitectura que tuvo en su coetáneo Sven Markelius y en los posteriores Ralph Erskine, Carl Nyrén y Peter Celsing momentos de fulgor, pero que lleva décadas de postración. Tham & Videgård son hoy los más visibles representantes de una generación que desea devolver a Suecia el protagonismo que le es debido, y lo hacen con un rosario de obras que solo tienen en común ser 'utopías en la realidad': esfuerzos por recuperar la claridad constructiva, la eficacia funcional y la elegancia expresiva sin dejar de respetar las constricciones contextuales de la realidad, en su caso especialmente exigentes por el poder de la industria que levanta los edificios. El libro de Strindberg es una colección de narraciones breves, y el corpus de Tham & Videgård es similarmente un conjunto de episodios que no llegan a ser una novela, porque en cada caso las condiciones de entorno llevan a un desenlace diferente.

Palladianos por su amor a la práctica del oficio frente a las alturas teóricas de Alberti, y vitruvianos por su devoción a la *firmitas, utilitas* y *venustas* del romano, los socios de Estocolmo podrían adscribirse al clasicismo nórdico si no fueran más universales que escandinavos en su apetito por alimentarse de la escena internacional, y podrían asociarse a un *retour a l'ordre* tras los excesos icónicos si no fuese porque su búsqueda obstinada de la simplicidad elemental no excluye nunca la imaginación propositiva que hace de cada proyecto un desafío de invención. Pero nórdicos sí que son en buena medida, aunque no en la tradición sombría que se extiende desde la angustia existencial de Ingmar Bergman al universo *noir* de Stieg Larsson o Henning Mankell, sino en la modestia razonable de un país socialdemócrata e igualitario, escenario perfecto para la disolución de la autoría ante la potencia de la naturaleza y el paisaje, y donde el diseño bebe aún de las fuentes limpias de su pasado campesino: un país que pudo albergar a la vez el impresionismo amable de Anders Zorn y el simbolismo teosófico de Hilma af Klint, y al que conviene el lema exacto de Tomas Tranströmer, «el cielo a medio hacer».

En el cuarto de siglo de un itinerario que se inicia con la variedad material y formal de las casas y llega hasta la sabiduría urbana de los edificios públicos, el cielo está a medio hacer en la planta inesperada de la casa Creek y en la sección evocadora de Krokholmen, en la contundencia vertical del Museo de Arte de Kalmar y en la inteligencia contextual de Nya Konst, manifestaciones todas de una voluntad de hacer arquitectura que no se detiene ante los interiores ni se excluye del paisajismo, que desdeña la inmediatez de lo contemporáneo porque aspira a la pervivencia de lo adaptable a las mutaciones del tiempo, y que procura ser directa sin renunciar a la inspiración que alumbra aquello que permanece en la memoria. De todas sus realizaciones, acaso la más indeleble sea la más efímera, el montaje de su reciente exposición en Ark-Des, concebida como un inmenso suelo de vidrio bajo el cual se mostraba su obra. Frente a las grandes muestras que fascinan y abruman a la vez, obligando a levantar la vista hacia las piezas, en Estocolmo el visitante se paseaba sobre ellas, percibiéndolas entre los reflejos de un estanque helado: utopías en la realidad que perduran como insectos atrapados en el ámbar del museo.

# Burke en Oxbridge

*Níall McLaughlin*

El filósofo irlandés Edmund Burke interpretó el espíritu de Inglaterra en el siglo XVIII, y el arquitecto irlandés Níall McLaughlin ha hecho lo propio en el siglo XXI. Nacido en Ginebra en 1962, educado en el University College de Dublín y con oficina en Londres desde 1990, su búsqueda de lo intemporal a través de la adaptación al contexto y la perfección material le ha hecho el favorito de los *colleges* de Oxford y Cambridge, universidades donde ha desarrollado hasta una quincena de proyectos. El liberalismo *whig* de Burke celebraba la continuidad de los hábitos frente a las rupturas revolucionarias, y su defensa de «las opiniones comunes, los afectos comunes y los intereses comunes» se ilustra admirablemente con un conjunto de edificios que se integran en campus históricos persiguiendo la excelencia moderna sin dejar de rendir tributo a sus predecesores. En sus *Reflexiones sobre la Revolución en Francia,* el filósofo expresa sus tesis políticas con lenguaje arquitectónico —«También conviene, a veces, alterar, pero siempre con el propósito de preservar… Haría las reparaciones ajustándome al estilo del edificio»—, y esa 'serena circunspección' cuya causa reside en la moral y no en la falta de carácter sirve bien como lema de la obra de McLaughlin.

Sin dejar de prestar atención a la Irlanda ancestral —desde la ligereza lírica del jardín para enfermos de alzhéimer en Dublín, y hasta el aplomo cerámico del centro de *rugby* en Limerick—, el padre de Iseult y Diarmaid ha levantado sus obras quizá más memorables en el corazón intelectual de Inglaterra, y esta circunstancia parece apropiada para quien reconcilia la práctica con la teoría, y la profesión con la enseñanza, como reconoció el Premio Jencks en 2016, que celebraba al arquitecto tanto como al profesor de la Bartlett, de la UCLA o de Yale. El tambor exacto de la Bishop Edward King Chapel en el Ripon College es un recinto elíptico que a través de la piedra, el hormigón y el alerce se pone al servicio de la luz, y el Sultan Nazrin Shah Centre amplía el Worcester College con un auditorio y unos talleres de danza que usan la caliza y el roble para formar un bodegón material en un paisaje arcádico, pero estas obras de Oxford, al igual que el refinadamente contextual y urbano Jesus College de Cambridge, son solo algunas de las muchas realizadas en esos dos campus míticos, que se coronarían simbólicamente con el Premio Stirling otorgado en 2022 a la nueva biblioteca de Magdalene College en Cambridge.

La musicalidad cerámica de este bosque geométrico de libros, evocador de la arquitectura Tudor en sus cubiertas apuntadas y deudor de los laboratorios Richards de Louis Kahn en la expresividad rítmica de sus chimeneas, merece comentario aparte, porque su clasicismo romántico permite regresar a Burke tras haber transitado por Semper y Ruskin. El filósofo político publicó en 1759 *A Philosophical Enquiry into the Origin of Our Ideas of the Sublime and the Beautiful,* un tratado estético donde entre otros asuntos se ocupa del tamaño, proporción y función de los edificios, además de la luz o el color en ellos, y me atrevo a sugerir que esta 'sensibilidad fisiológica' no es del todo extraña al placer que produce la exquisita construcción de las obras de McLaughlin, su extraordinaria paleta de materiales y su voluntad testaruda de permanencia en el tiempo. La biblioteca del Magdalene College muestra una placa con una divisa latina, 'Faber sum', y esa referencia al que hace, fabrica o construye recuerda la imposibilidad de separar al *Homo sapiens* del *Homo faber,* y al concepto de la materia en la obra intelectual y sensible de este irlandés afincado en Inglaterra.

# Amores compartidos
*Arquitectura-G*

No entiendo bien la obra variada y vibrante de Arquitectura-G, pero eso importa poco, porque tenemos amores compartidos. Para comenzar, Bernard Rudofsky, un austríaco neoyorquino que nos enseñó a ver la arquitectura sin arquitectos de la construcción vernácula, y Lina Bo Bardi, una italiana brasileña que hizo dialogar la modernidad con la cultura popular. La sensualidad espartana de Rudofsky está presente en muchas de sus casas, rehabilitaciones de desnudez rigurosa que no dejan de sugerir una promesa de felicidad; y el brutalismo atmosférico de Bo Bardi puede hallarse en la radicalidad contundente de unas intervenciones que no excluyen la creación de ámbitos de ligereza aérea. Así que me cuesta comprender los procesos que guían las decisiones, y sin embargo esa ignorancia no me impide reconocer los relámpagos de verdades súbitas que iluminan el camino.

No me resulta fácil, es cierto, aplicar categorías analíticas a una producción dispersa y deslumbrante, y sin embargo ayuda convocar a las amistades que tenemos en común. Aquí debo mencionar a Fernando Higueras, un español de Madrid que vertió su talento polifónico en una multitud de disciplinas, y a Álvaro Siza, un portugués de Oporto que es tan notable dibujante y escultor como arquitecto. El hedonismo barroco de Higueras inspira o habita en un sinnúmero de interiores domésticos, cuyo abigarramiento es compatible con la invocación de la buena vida; y el minimalismo manierista de Siza se abrevia o late en instalaciones que empleando los códigos del lenguaje moderno también provocan con la articulación inesperada y la sintaxis inusual. Así que, de nuevo, la dificultad analítica no se cruza en el camino del reconocimiento, y la obra construida resplandece con la luz de la razón.

No sé bien situar el trayecto de Arquitectura-G, por más que su condición barcelonesa sugiera explorar raíces catalanas, y es cierto que entre las figuras que ellos y yo admiramos están Ricardo Bofill, un catalán universal que tras encarnar el espíritu del 68 supo construir conjuntos clasicistas que hibridaron Versalles con la vivienda social, y Oscar Tusquets, un arquitecto más barcelonés que catalán cuyos diseños y cuya escritura han sido más populares que sus obras. El carisma creativo de Bofill puede hallarse en el empeño experimental de cada proyecto, desde las más modestas reformas domésticas o de tiendas; y el diseño epicúreo de Tusquets se manifiesta en la aproximación festiva a los interiores o a los objetos. Así que, por último, mis problemas interpretativos del itinerario del estudio se diluyen en ese cúmulo de amores compartidos, y en la memoria solo queda la huella de la belleza.

# Coreografía construida

*Miralles Tagliabue EMBT*

En el año del dragón, Benedetta Tagliabue completa tres décadas de trabajo bajo la rúbrica EMBT. Un cuarto de siglo tras la desaparición prematura de Enric Miralles, sus iniciales y su espíritu siguen presentes en la actividad de un estudio que ha reforzado su vocación europea con los proyectos en la Italia natal de Benedetta y su proyección asiática con las obras en China que siguieron al Pabellón de España en Shanghái. Aquella construcción efímera de mimbre llevaba al paroxismo la coreografía alegre que hace a los edificios fingir un movimiento detenido, pero esa dinámica lírica estaba ya en realizaciones con la gravedad simbólica del Parlamento de Escocia o con la agitación cromática del mercado de Santa Caterina, y se materializaría en el siglo XXI en logros magistrales como la estación de Nápoles o la iglesia de San Giacomo en Ferrara, cuyas cubiertas se estremecen y bailan en un *ballet* sincopado que deslumbra al viajero o a los fieles con idéntica emoción espacial y luminosa, material y tectónica en la lógica de una estructura tan sólida como ingrávida.

Frente a los pronósticos que auguraban la inviabilidad del despacho en ausencia de su motor creativo, la arquitecta catalanomilanesa ha sabido mantener la llama de su difunto marido con la fundación que lo homenajea y lo recuerda, y sobre todo con un estudio vibrante donde la huella de su breve y fulgurante trayecto en la arquitectura española se prolonga con ecos reconocibles y desarrollos inesperados. Transformada por las circunstancias en una viuda diva, Benedetta tiene el enorme mérito de haber llevado el timón de la oficina en tiempos poco propicios, con los importantes proyectos en China y las exquisitas obras en Italia, completando además piezas tan personales y preñadas de intenciones beneméritas como el Centro Kálida Sant Pau, una realización doméstica en la acogida y pública en la apertura, pequeña en la escala y grande en la atención minuciosa a su calidez cerámica. La estela de Miralles pervive en Tagliabue, pero ella ha forjado una personalidad independiente que merece un reconocimiento que amalgama la admiración y el respeto.

*Last but not least,* las instalaciones expresan el movimiento jovial de los edificios con una libertad incrementada, y son quizá su vida breve y su dimensión limitada los dos rasgos que les permiten abreviar taquigráficamente la poética del estudio, que bebiendo en las fuentes fértiles de sus orígenes fluye hoy con autonomía caudalosa. Los *collages* gráficos y fotográficos, que ya empleó Enric Miralles siguiendo la senda seductora de David Hockney, transcriben en numerosas ocasiones la voluntad estética de EMBT con mayor elocuencia que su cristalización construida, de suerte que el empeño artístico que hizo arder como una bengala la vida demasiado breve de Enric ilumina con sus destellos los proyectos dibujados de la oficina coral que dirige Benedetta. Si la pequeña chispa de la inspiración puede provocar un incendio creativo —«Parva scintilla saepe magnam flaman excitat»—, al añorado arquitecto barcelonés no debemos hoy buscarlo entre los rescoldos de la hoguera, sino entre los resplandores de la llama, porque Enric no pervive en la brasa, sino en la chispa.

# Modernidad militante

*Rafael de La-Hoz*

Hijo y padre de arquitectos, Rafael de La-Hoz trenzó sus hebras biográficas con las de una generación de profesionales que se propuso modernizar España sin cortar las fibras nutricias que enlazan la construcción nueva con las trazas fértiles del pasado. La urdimbre de este proyecto colectivo era la modernidad arquitectónica en su versión más internacional y más atenta al latido impaciente de los tiempos; pero su trama en sordina era la tenacidad resistente de la tradición, presente en la formación rigurosa de estos arquitectos y en su aguda sensibilidad ante el conocimiento acumulado en el patrimonio urbano de un viejo país cuyo territorio ha sido reescrito innumerables veces. En este país palimpsesto, arruinado y exánime tras una guerra civil, La-Hoz y sus compañeros ensayaron un experimento moderno que tuvo páginas de fulgor deslumbrante, y que permanecen en el registro físico y documental del último medio siglo como jalones de un itinerario que ha construido la España en que hoy vivimos. Permítanme visitar brevemente algunas de estas estaciones arquitectónicas.

La primera se encuentra inevitablemente en Córdoba, la ciudad de su infancia, a la que Rafael regresa tras terminar sus estudios en el áspero Madrid de la posguerra, y la constituyen cuatro tiendas hoy desaparecidas que todavía nos guiñan su mensaje cosmopolita y optimista desde las fotografías nocturnas de sus fachadas luminosas: Vogue, Studio, Lindsay, Domus. De la alegría ordenada de la tienda de modas a la disciplina moderna de la tienda de muebles, pasando por el organicismo escenográfico del estudio de fotografía o la limpieza abstracta de la tintorería, los cuatro establecimientos desvanecidos dibujan con sus neones caligráficos, con sus aparejos locos y con sus muebles *boomerang* un retrato amable del artista joven, y un perfil mambo del país que en los años cincuenta comienza a salir de las tinieblas del aislamiento y la miseria.

En el Colegio Mayor Cisneros, donde residía mientras cursaba la carrera en Madrid, Rafael de La-Hoz había trabado amistad con otro andaluz, el sevillano José María García de Paredes, y los dos jóvenes estudiantes de arquitectura iniciarían una aventura compartida a través de dos proyectos gestados en las aulas: la Cámara de Comercio de Córdoba, encargada por el futuro suegro de Rafael cuando aún estaban en la Escuela, y el Colegio Mayor Aquinas en Madrid, que les confiaría poco después su amigo y capellán del Colegio Cisneros, el dominico José Manuel Aguilar: en el primer caso, un edificio entre medianeras donde la irregularidad del solar se utiliza para conformar un interior fluido y carenado que se enrosca alrededor de un mostrador y varias esculturas del primer Oteiza; y en el segundo, un bloque exento de residencia que se pliega utilizando una combinación inesperada de rigor axial y directrices diagonales articuladas por la meticulosa espina de los servicios. Dos obras mágicas y casi antitéticas, que expresan abreviadamente el tránsito del informalismo orgánico a la abstracción geométrica en la modernidad emergente de esa hora, y que ganarían inmediatamente para la pareja de arquitectos un precoz reconocimiento hecho explícito por el Premio Nacional de Arquitectura, obtenido con el Aquinas en 1956.

Pero cuando el premio llegue, los caminos profesionales de ambos se habrán separado ya: García de Paredes rumbo a Roma, siguiendo ese itinerario tradicional de la formación de los arquitectos que tiene en la Academia de España el punto obligado de contacto con la Antigüedad clásica; y La-Hoz en dirección a los Estados Unidos, buscando con su estancia en el mítico MIT la preparación tecnológica que solo la inmersión en el mundo norteamericano podía suministrar, y hacia la que le inclina tanto su espíritu científico como su formidable formación matemática. Y no hay por entonces mejor representación de esa voluntad de precisión que los volúmenes exactos y leves del chalet Canals, que eleva en el campo cordobés sus planos ingrávidos, acentuados por las estructuras esbeltas de un puente sobre un barranco y un trampolín sobre una piscina, como el manifiesto abreviado de la modernidad exigente que se propone para una España atrasada y periférica.

Ese país inmóvil, sin embargo, está comenzando a desprenderse de su sábana de letargo, y la agitación política y social de la segunda mitad de los cincuenta estimulará la modernización económica que cristaliza en el Plan de Estabilización de 1959, fundamento de la apertura hacia el exterior y el auge de la prosperidad material que caracterizará la década de los sesenta. En esos años, el eficaz estudio de La-Hoz en Córdoba proyecta y construye un ingente número de edificios por todo el territorio andaluz, mostrando la capacidad del lenguaje moderno para enfrentarse a la multiplicación de las demandas y la aceleración de los procesos. Desde los conventos a las fábricas, y desde los hospitales hasta los palacios de congresos, es esta una etapa febril que tiene como hitos cuatro obras cordobesas: el claustro almenado del convento de las Salesas, el tapiz casi escandinavo del colegio de las Teresianas, la abstracción tecnológica de la fábrica El Águila y la macla paralelepipédica del Hospital General (estos dos últimos proyectos en colaboración con Gerardo Olivares) son todos ellos edificios que aciertan a reunir tipos invariantes con invenciones funcionales, y sensibilidad paisajística con disciplina racional, para levantar una arquitectura de admirable adecuación, refinamiento y rigor.

Pero junto a estas obras singulares, la década de los sesenta verá también a La-Hoz proseguir su investigación residencial, manifiesta en conjuntos de vivienda como la muy urbana manzana de la calle Cruz Conde o en casas como las de Pericet y Añón, que exploran en la campiña cordobesa el lenguaje escueto utilizado en el chalet Canals y llevado a extremos de inmaterial abstracción diagramática en su proyecto no realizado de casa en Entrepeñas. Con todo, será en el territorio arduo del alojamiento social donde la inquietud experimental de La-Hoz alcance cotas más radicales en su persecución de los mínimos materiales, económicos y expresivos, de lo que dan prueba sus albergues provisionales y microescuelas para la Diputación cordobesa, cuya reducción física y constructiva alcanza límites insólitos, relajados después por la topografía y el uso en proyectos más amables como el poblado de pescadores de Almuñécar.

En 1971, La-Hoz acepta trasladarse a Madrid para ocupar la Dirección General de Arquitectura, iniciando así una etapa enteramente nueva en su trayectoria, que subordina con generosidad la obra personal a la difícil tarea de modernizar el ejercicio profesional de los arquitectos. La creación de las Normas Tecnológicas de la Edificación y la posterior organización como ponente general del Congreso de la Unión Internacional de Arquitectos en Madrid, celebrado el mismo año en que la muerte de Franco abrió la transición política española, fueron dos empeños institucionales cuyo éxito llevó a La-Hoz a la presidencia de la Unión Internacional de Arquitectos primero, y a la del Consejo Superior de los Colegios de Arquitectos de España después, formando estos dos cargos profesionales la médula de su actividad en la década de los ochenta, salpicada de un cúmulo de distinciones y honores que se rematarán brillantemente con el ingreso en la Real Academia de Bellas Artes de San Fernando en 1990.

El protagonismo de las labores institucionales no podía, sin embargo, alejar del todo al arquitecto del tablero, y estos años dejan tras de sí piezas singulares como el aéreo prisma cristalino del edificio Castelar y la elegante ampliación contextual del viejo Ministerio de Marina, dos edificios realizados en la Castellana madrileña en la segunda mitad de los setenta en los que colaboran Gerardo Olivares y José Chastang, y que hacen gala de esa sobria calidad característica de la mejor arquitectura corporativa norteamericana; y obras tan estimulantes en su propuesta funcional como la cárcel de jóvenes de Tenerife, proyectada ya por el estudio que abre en 1985 con su hijo Rafael, y que explora con sensibilidad humanista alternativas arquitectónicas al sistema penitenciario, construyendo una soleada aldea-ciudadela más evocadora de fortalezas medievales que de la ominosa prisión convencional.

Fue precisamente este último proyecto el que me descubrió la dimensión reflexiva de La-Hoz, y disculparán que este punto del itinerario por su biografía arquitectónica me atreva a ilustrarlo con una anécdota personal. Para la mayor parte de mis contemporáneos, los veinte años casi ininterrumpidos de La-Hoz en cargos institucionales identificaban tanto su figura con el perfil solemne y ecuánime del administrador que resultó una sorpresa refrescante cuando, con ocasión de la participación de ambos en un debate televisivo, le oí describir su cárcel en términos que hibridaban sin empacho el reformismo liberal con las tesis de Foucault sobre los espacios de la vigilancia y el castigo. Conocía ya la bonhomía inteligente de Rafael, y esa llana franqueza que él atribuía al origen aragonés de su padre, bilbilitano por cierto como yo, circunstancia esta que siempre esmaltaba de bromas nuestra conversación; pero hasta aquel coloquio no creo haber sido consciente de su genuina densidad intelectual.

Sus textos, desde luego, tenían la rotunda arquitectura argumental y la claridad expresiva que solo pueden provenir de una cabeza bien amueblada; sin embargo, el laconismo diagramático de su redacción y el chisporroteo de citas no transmitían la sutileza matizada de su pensamiento con la misma fortuna que su expresión oral. Esto, por desgracia, lo hemos perdido para siempre, y sus agudas reflexiones escritas sobre las 'isoprodas' o la 'proporción cordobesa' no podrán, desde luego, llenar el lugar que en mi memoria o en la de mis alumnos ocupan sus consideraciones —expuestas con humor durante una visita guiada al Aquinas— acerca de la relación entre la Reforma protestante y la difusión geográfica del bidé. No, no podemos reemplazarlo con sus escritos o sus obras, y tampoco nos queda el equívoco consuelo de homenajearlo limitándonos a visitar algunos episodios de su vida creativa que pertenecen ya por derecho a la historia de la arquitectura española de este siglo.

Sin embargo, se me antoja que quizá sí exista una forma legítima de honrar su memoria: recordar su empeño testarudo en identificar la modernidad de la arquitectura con la modernización de la sociedad, y reiterar su convicción permanente de que la arquitectura es un arte útil, y la nuestra una profesión de servicio, a la que desnaturaliza tanto el lucro como la vanidad. Cuando la arquitectura de nuestro tiempo oscila indecisa entre el negocio y el espectáculo, puede resultar pertinente reproducir esa cita de Unamuno que tanto gustaba a La-Hoz: «Hay —decía el filósofo— tres tipos de zapateros: el que fabrica zapatos por dinero, el que los elabora para llegar a ser famoso, y aquel que los hace para que se encuentren más a gusto los pies de sus clientes. Solamente a este último se le echa de menos después de muerto». El fervor que convoca su memoria explica a las claras qué clase de zapatero fue ese gran arquitecto llamado Rafael de La-Hoz.

# La historia sale al encuentro

*José María García de Paredes*

Algunas biografías se cruzan con la historia, y el encuentro es ominoso o fértil. José María García de Paredes, cuya senda vital ya había tenido la ocasión de encontrarse con la historia de la cultura en su auditorio de Granada, se vio súbitamente arrastrado a una encrucijada de la historia de España con el encargo de exponer en el Museo del Prado el *Guernica* retornado. Honrar a Manuel de Falla en su ciudad de adopción había sido un privilegio pacífico, pero mostrar la obra más icónica de Pablo Picasso en la capital del país era un desafío político y estético. De forma simultánea, el arquitecto construyó un auditorio en la basílica central del museo, en eje con la puerta de Velázquez y bajo la sala que muestra *Las meninas,* en el corazón simbólico de la ciudad. Ambas realizaciones —la instalación del *Guernica* y la sala Villanueva— serían efímeras, pero durante la última década de su vida García de Paredes ocupó un lugar de privilegio en la cultura española, en diálogo con Falla, Picasso, Velázquez o Villanueva, y un lugar también singular en la política de una nación en tránsito hacia la normalización democrática. Su biografía se había cruzado con la historia, y de ese encuentro luminoso nos quedan ecos y cenizas.

Si el *Guernica* tienen un papel tan esencial en ese encuentro, lo debe sin duda al carácter simbólico que hizo de su retorno un refrendo de la entonces joven democracia. En su momento se pintó ya con una escala de mural apropiada para el papel propagandístico que había de cumplir en el pabellón de España en la Exposición Internacional de 1937, y es bien sabido que Picasso necesitó un estudio mayor para desarrollar el trabajo. La dimensión no es el rasgo fundamental, pero de ninguna manera puede obviarse que el tamaño contribuye a la visibilidad de la obra, y que en ocasiones la gran escala es la elegida por los artistas para crear piezas cuya singularidad las haga memorables. Así hizo Picasso en 1907 con *Las señoritas de Aviñón,* por más que el lienzo permaneciera oculto a la mirada durante largos años, y así también en 1944 con *El osario,* ese encargo de un segundo *Guernica* que apenas se expone al público: ambas obras pertenecen el MoMA neoyorquino, y si una fue caracterizada por Alfred Barr como la que marca el inicio de la modernidad con sus primeros pasos hacia el cubismo, la otra nunca ha disfrutado de la relevancia que acaso podía haberle otorgado su tema, el holocausto nazi. La escala garantiza la atención, pero no siempre la trascendencia artística o social, aunque es forzoso reconocer que en el *Guernica* se suman ambas: una escala descomunal, cuatro o cinco veces mayor que las dos obras mencionadas; y una trascendencia política que desborda ampliamente el terreno de la cultura para inscribirlo en la historia.

En su viaje en el tiempo y el espacio, las obras modifican la forma en que son percibidas, y así ha ocurrido con el *Guernica,* desde el estudio parisino de Picasso hasta su actual localización en el Museo Reina Sofía, pasando por el momento de su exhibición en el Casón del Buen Retiro dentro de la urna diseñada por García de Paredes, como símbolo polisémico de la instauración de la democracia. La negociación con el MoMA neoyorquino para conseguir la devolución del lienzo había sido larga y compleja, pero ya en octubre de 1980 Javier Tusell podía encargar el proyecto expositivo en el Casón, dependiente del Prado y por lo tanto ajustándose así a los deseos expresados en su día por el artista. El golpe de Estado de 1981 no interrumpió el proceso, porque su fracaso fue a la postre la vacuna que consolidaría la democracia, y el *Guernica* volvería a España en septiembre de ese año, para exponerse a partir de octubre bajo los frescos de Luca Giordano en la instalación proyectada por el arquitecto, donde se mostraría hasta el *annus mirabilis* de 1992, momento en que se traslada al Reina Sofía para reforzar el atractivo de la principal institución cultural promovida por el Gobierno socialista. Se cerró así la presencia efímera del *Guernica* en el Museo del Prado, y por tanto la intersección de la historia con la peripecia vital del arquitecto, que fallecido dos años antes no vería su instalación desmontada, como tampoco vería desaparecer su auditorio del museo quince años después.

# Una técnica humanista

*Miguel Aguiló*

Es un placer y un honor dar la bienvenida a la Academia a Miguel Aguiló, un ingeniero humanista de cuya vasta experiencia y muchos saberes esperamos todos beneficiarnos. Su discurso de ingreso ha dado ya cuenta de la amplitud de su visión y la ambición de su empeño, amén de la generosidad de utilizar esta ocasión para compartir con nosotros su análisis de las tareas que deben abordarse en este momento crítico del planeta, antes bien que extenderse sobre las vicisitudes de su carrera o sobre sus logros y reconocimientos. Me toca a mí, por tanto, bosquejar brevemente los méritos de su trayectoria, antes de comentar de forma también sucinta los mimbres argumentales de la exposición que acaban de escuchar. El nuevo académico ha empleado una estructura ternaria en su discurso, así que me tomaré la libertad de adoptar también este recurso clásico para recorrer su biografía, que se inicia brillantemente en el ámbito universitario, tiene después un muy destacado itinerario empresarial y culmina en su último trecho con una colosal aventura investigadora y editorial.

Nacido en Madrid en 1945, ingeniero de caminos en 1970 y licenciado en Ciencias Económicas en 1974, Miguel Aguiló enseña Arte y Estética de la Ingeniería en la Escuela de Caminos desde 1976, y se doctora en 1981 con una tesis sobre la fragilidad visual del paisaje, mostrando ya entonces la apertura de unos intereses que le llevarían al campo del urbanismo y del medio ambiente, a la colaboración con las escuelas de Arquitectura e Ingenieros de Montes, y, al cabo, a la cátedra de Caminos que hoy ocupa como emérito. Esta trayectoria académica, que en sus primeros compases hizo compatible con el ejercicio profesional en el diseño y construcción de puentes y estructuras, se orientó desde 1983 hacia la gestión empresarial, donde presidió sucesivamente el Canal de Isabel II, Astilleros Españoles e Iberia, destinos todos en los que combinó el saneamiento y modernización de las empresas con iniciativas de promoción y patronazgo arquitectónico y artístico. En una tercera etapa, que se inicia en 1995 y se extiende hasta hoy, dirige la política estratégica de una gran constructora mediante un programa de investigación y publicaciones que ha cristalizado en dos grandes series, los diez volúmenes que documentan la ingeniería y arquitectura españolas, y los diez que hacen lo propio con grandes ciudades del mundo: un empeño que culmina la vocación investigadora iniciada en el Seminario de Prefabricación del que fuese su mentor, el ingeniero y académico de esta casa José Antonio Fernández Ordóñez, cuya cátedra de Historia y Estética de la Ingeniería ganó tras su fallecimiento, y de cuya visión humanística de la ingeniería es el mejor representante en nuestros días.

Como ven, en esa triple trayectoria se enredan también las tres hebras temáticas que han guiado sus intereses desde sus primeros pasos académicos: la atención a los puentes y a las estructuras, que proviene de su experiencia en la ingeniería civil, dio lugar a un ensayo esencial, *Forma y tipo en el arte de construir puentes,* y cristalizó en los diez grandes títulos de la colección Ingeniería y Arquitectura en España; los estudios sobre el territorio, el agua y el paisaje, que habían articulado su tesis doctoral, fueron la base de su desempeño como director general de Recursos Hidráulicos de la Comunidad de Madrid, y gestaron al cabo una obra teórica, *El paisaje construido. Una aproximación a la idea de lugar;* y el ambicioso acercamiento a la realidad física y simbólica de la construcción de la ciudad, que se inició con un libro genérico, *Qué significa construir. Claves conceptuales de la ingeniería civil,* se materializó con los diez volúmenes monumentales de la colección Grandes Ciudades, culminada en 2022, tras una década que le ha permitido documentar y analizar minuciosamente metrópolis en tres continentes.

Pues bien, estas hebras trenzadas en su recorrido biográfico, y singularmente distinguidas con el Premio Nacional de Urbanismo en 1982, el Premio Nacional de Medio Ambiente en 1986 y el Premio Nacional de Ingeniería Civil en 2019, son también las que tejen su discurso de ingreso, que, tras ocuparse de las bases de su disciplina y de la índole del impulso creativo, trata sucesivamente de «la ciudad y el cuidado del planeta», donde sus intereses urbanos se vinculan con la contemporánea crisis climática y la preocupación ecológica; «el camino y el paisaje», donde su experiencia medioambiental —que tuvo su derivada empresarial con su apertura de rutas por tierra, mar y aire en tres presidencias sucesivas— se hace meticulosamente geográfica; y «el puente en el patrimonio», donde la ingeniería civil y sus realizaciones históricas propician una reflexión sobre el turismo que se antoja peculiarmente pertinente en esta hora.

Por lo demás, el discurso de ingreso de Miguel Aguiló está tan admirablemente estructurado, y sus conclusiones merecen un apoyo tan compartido, que solo cabe hacer aquí algunas glosas episódicas, comenzando por su apartado primero, donde otorga a la ingeniería civil el papel de cuidar el territorio, subrayando que construir es habitar, y que esta actividad exige suministrar estancia y movimiento: dos rúbricas que cabe asociar a las estructuras arquitectónicas y a los caminos con su extensión en los puentes, y es en el caso de estos donde cabe visualizarse el tránsito de la función al sentido, porque un puente no es meramente funcional, algo que explica bien con la secuencia de tres puentes neoyorquinos: el de Brooklyn, que superpone lo estructural y lo simbólico; el de Williamsburg, que fracasa al intentar ceñirse exclusivamente a lo utilitario, y el de Manhattan, donde función y significado se amalgaman felizmente.

Este análisis se extiende en el apartado siguiente, donde el estudio de las polaridades conceptuales le mueve a hallarlas en el binomio geografía-tipología, y en la manera en la que la singularidad de los emplazamientos afecta a la morfología genérica de los puentes, algo que ilustra bien con el contraste entre dos obras maestras de la ingeniería romana: el puente de Alcántara y el de Mérida. Y si el tipo genérico debe entrar en diálogo con la geografía específica, otro tanto cabe decir de la necesidad simultánea de teorías necesariamente generales e historias inevitablemente particulares, una coexistencia que defiende elocuentemente para mantener la tensión entre lo global y lo local, y para lo cual se apoya en su admirado Alois Riegl, que junto con Wölfflin, Schopenhauer, Heidegger y Gadamer suministran el entramado histórico-filosófico que da un sabor germano a su recorrido por el impulso creativo.

La parte central de su discurso, que ha tenido la amabilidad de referir a los apartados de mi propia intervención en la inauguración del curso de las academias hace algo más de un año, y que dispone en tres movimientos correspondientes a tres escalas de intervención, cubren —como ya se ha mencionado— el planeta, el paisaje y el patrimonio, y en cada uno de ellos elige un elemento central en que hacer pivotar su argumento. En el primero, donde su aproximación a los dilemas planetarios se inicia en los océanos y su papel de regulación climática, este elemento es la ciudad, «la verdadera empresa del hombre sobre la Tierra», porque nuestro vivir se condensa en las ciudades, y es especialmente ilustrativo que la mención de Patrick

Geddes le conduzca a examinar en detalle los acuerdos y desacuerdos entre Lewis Mumford y Jane Jacobs, porque esos debates urbanísticos y ciudadanos siguen hoy plenamente vigentes, y en ellos hallamos las raíces de nuestro actual empeño en la sostenibilidad urbana.

El segundo movimiento explora el paisaje desde la consideración del camino, y ahí aparecen las vías-parque de Robert Moses, al que apropiadamente no se demoniza —como hacen tantos tras una lectura esquemática de sus polémicas neoyorquinas con Mumford y Jacobs—, pero el protagonismo de esta sección se atribuye a la aventura extraordinaria de la ingeniería alpina, donde los puentes y los túneles crean un genuino paisaje cultural, que se explora con un recorrido histórico que se extiende desde los caminos imperiales hasta la ingeniería exquisita de los puentes de Robert Maillart o el impacto estético de las vistas abiertas por esas nuevas rutas en naturalistas y pintores.

En tercer lugar, su examen del patrimonio se detiene de manera previsible en el puente, y de forma más inesperada en el impacto del turismo sobre los bienes patrimoniales, en muchos casos de naturaleza ingenieril. Los puentes móviles de Chicago —precisamente la ciudad que cierra su colección de volúmenes sobre la génesis y evolución de los sistemas urbanos en diez grandes ciudades de Europa, América del Norte y Australia— son aquí el ejemplo elegido para poner de relieve el vínculo entre el patrimonio de la ingeniería civil y el atractivo de una ciudad para sus visitantes, ya que en la urbe americana se suministran un conjunto de recorridos de extraordinaria riqueza visual. Es de imaginar que la Windy City no sufre todavía las disfunciones provocadas por la multiplicación de turistas que han llevado a establecer límites en algunos centros históricos y a dificultar el alquiler temporal de viviendas en metrópolis como Nueva York.

La conclusión de Miguel Aguiló es contundente y certera, porque siguiendo a los científicos propone enfrentarnos al desafío del cambio climático con la doble tarea de mitigar y adaptar, que ha llevado al título de su discurso entendiendo que mitigar la emisión de gases no es otra cosa que «cuidar la Tierra», y adaptar el entorno a los extremos climáticos puede expresarse como «rehacer el mundo». Al defender su postura de forma tan inteligente y articulada como lo ha hecho, el que hoy acogemos en esta casa se inscribe en una tradición de la ingeniería civil que exige a los que practican esa profesión sumar a los conocimientos técnicos «una educación no vulgar», como reclamaba en su día el fundador de la Escuela de Caminos, Agustín de Betancourt, de cuya desaparición, por cierto, se cumplen ahora dos siglos, y en cuya ilustre estela se sitúa el nuevo académico, que me honra especialmente recibir entre nosotros.

# Pensamiento caligráfico

*Kenneth Frampton*

Kenneth Frampton tiene letra de arquitecto: una caligrafía elegante y regular que traduce la cultura visual de una formación disciplinada. Cuando recibió el León de Oro en la bienal veneciana de 2018, el historiador y crítico británico —que prefiere la denominación de escritor— dijo de su trabajo: «Si mi escritura tiene alguna virtud es que escribo con mente de arquitecto». En efecto, Frampton se aproxima a los edificios con la mirada del arquitecto en ejercicio que fue durante los años iniciales de su carrera, y escribe sobre ellos con el pulso que le otorga su experiencia profesional y pedagógica. Profesor por encima de todo, sus libros y sus clases han modelado la percepción de varias generaciones de arquitectos, a los que ha transmitido su convicción de que las obras no se entienden al margen del marco social donde surgen, y asociando la etiqueta crítica a un compromiso ideológico que es sin embargo inseparable del juicio estético. No hay quizá construcciones más ajenas a su idea de la arquitectura que los rascacielos ultraesbeltos de su ciudad de adopción, Nueva York, y pese a ello me reconocía, durante una cena en Manhattan, que no podía evitar la fascinación por el monolito metafísico de Rafael Viñoly. Al final, el ojo del arquitecto se impone al cerebro del ideólogo, y su voluntad de ejercer la 'crítica operativa' acuñada por Manfredo Tafuri —aquella que procura guiar el trabajo de los contemporáneos— debe matizarse con la sensibilidad artística que refleja cada manuscrito y cada imagen seleccionada para su publicación.

El trayecto intelectual de Frampton ha tenido varios puntos de inflexión, enhebrados por el hilo de la 'crítica' que ya figuraba como subtítulo en su obra más importante, *Modern Architecture: A Critical History,* publicada originalmente en 1980 y significativamente revisada en las ediciones sucesivas de 1985, 1992, 2007 y 2020. El primer argumento 'operativo' se plasmó en el ensayo de 1983 'Towards a Critical Regionalism: Six Points for an Architecture of Resistance', usando el concepto usado por Alexander Tzonis y Liane Lefaivre dos años antes para proponer una modernidad resistente tanto al Estilo Internacional cosmopolita y corporativo como a la posmodernidad a la que había dado carta de naturaleza y credenciales la bienal veneciana de 1980. El segundo movimiento crítico cristalizó en *Studies in Tectonic Culture: The Poetics of Construction in Nineteenth and Twentieth Century Architecture,* un libro de 1995 que había anunciado ya en un artículo cinco años anterior, 'Rappel à l'ordre: The Case for the Tectonic', donde el oficio de construir se preconizaba como una vacuna frente a la escenografía posmoderna cooptada por la arquitectura comercial, y popularizando los términos 'tectónico' y 'estereotómico', que se actualizaban desde el funcionalismo antropológico de Gottfried Semper. El tercer punto de inflexión puede situarse en el año 2000, con la edición de una serie de diez volúmenes, *World Architecture: A Critical Mosaic, 1900-2000,* donde coordinó y prologó el trabajo de un gran número de críticos de las diferentes regiones del planeta para superar el eurocentrismo del relato moderno, y que tendría su manifestación última en la muy ampliada quinta edición de *Modern Architecture* en 2020.

Esta última edición, que se publicó coincidiendo con su noventa aniversario, es especialmente notoria porque revisa radicalmente su legado, al añadir a las tres partes de las ediciones anteriores —que se cierran con un capítulo donde vuelve a sus orígenes, 'Critical Regionalism: Modern Architecture and Cultural Identity'— una cuarta parte con una extensión de 275 páginas, 'World Architecture and the Modern Movement', que es casi la mitad del libro, y donde se procura tratar ecuménicamente el conjunto del planeta. Frampton asegura que, para evitar el sesgo eurocéntrico y transatlántico de las ediciones previas, ha tenido como referencia nuestro *Atlas: Global Architecture circa 2000,* publicado en 2007, y de hecho afirma haber adoptado, para la organización de su sección cuarta, nuestra división del mundo en cuatro grandes regiones transcontinentales —Europa, las Américas, África y Oriente Medio, Asia y Pacífico—, que corresponden a la posterior edición en cuatro volúmenes, *Atlas: Architectures of the 21st Century,* aparecidos entre 2010 y 2012. Esta apertura hacia horizontes diferentes se manifiesta también en la bibliografía, donde hay hasta treinta y una referencias a los *Atlas, AV* o *Arquitectura Viva,* en contraste con la edición anterior, que solo incorporaba dos extensas citas mías sobre Zaha Hadid y Herzog & de Meuron. Aunque Frampton sigue testarudamente fiel a sus admirados Hannah Arendt, Paul Ricoeur o Jürgen Habermas, sorprende advertir que en esta edición testamentaria la cita inicial de Walter Benjamin ha sido reemplazada por otra de Guy Debord, y el subtítulo 'A Critical History' no figura en la portada ni en el lomo. Aunque algo demediada, subsiste la axonometría de Alberto Sartoris para Notre Dame du Phare, que ha sido la imagen de cubierta desde 1980, así que la gran ampliación conceptual y geográfica no altera la continuidad gráfica de esta obra histórica.

Me he extendido más sobre este punto de inflexión porque los dos anteriores —el regionalismo crítico y la cultura tectónica— han sido abundantemente comentados por otros, entre los cuales los autores de *Architecture and the Lifeworld: Essays in Honor of Kenneth Frampton,* un volumen aparecido en 2020 —dos años antes de jubilarse en

122

la Universidad de Columbia, donde enseñó desde 1972—que homenajea su excepcional trayectoria crítica y docente. De ella he tenido abundantes muestras desde que ya en 1985 participase en Sevilla —junto a la pareja Tzonis-Lefaivre y otros colegas— en un seminario sobre regionalismo que organizamos para la Universidad Internacional Menéndez Pelayo, y que se publicaría después en uno de los primeros números de *AV;* un tema por cierto que cuatro años después daría lugar a otro seminario en Los Ángeles, en aquella ocasión bajo el título 'Critical Regionalism', coordinado por el mencionado dúo Tzonis-Lefaivre y en el que intervendríamos Frampton y yo mismo junto a otros arquitectos. Mi deuda con él es tan evidente que uno de mis primeros artículos en *El País* ('La arquitectura y el ángel de la historia', 31 de mayo de 1986) comentaba conjuntamente su *Modern Architecture: A Critical History* y la *Architettura Contemporanea* de Tafuri y Dal Co, expresando una admiración que se incrementó cuando impartimos juntos varios cursos en el Berlage Institute entre 1994 y 2005, incluyendo una *theory masterclass* consagrada al análisis comparativo de parejas de edificios, un método que Frampton explicó en detalle en el libro de 2015 *A Genealogy of Modern Architecture.* Fruto de esta relación fueron nuestro informe con Ricardo Aroca sobre la reforma de la ETSAM en 1998, la evaluación del proyecto de la Biblioteca Nacional de Eslovenia que preparamos ambos en 2009 para el Ministerio de Cultura del país, o la participación conjunta en 2011 en diversas sesiones de crítica interna con la oficina de SOM en Nueva York.

No hace falta decir que su relación con España ha sido siempre intensa, como atestiguan sus numerosas visitas y conferencias, la publicación de sus artículos aquí o el generoso espacio que dedica a la Península en sus síntesis críticas e históricas. Cuando en 1996 reseñé en *El País* los *Studies in Tectonic Culture* no pude evitar mencionar que la portada se ilustraba con el croquis de Alejandro de la Sota para el Gimnasio Maravillas, y cuando en 2022 escribí en *Arquitectura Viva* sobre la aparición en lengua inglesa de *L'altro Movimento Moderno,* tampoco dejé de subrayar que el libro se cierra con el mismo Sota, una insólita presencia tardía que Frampton asocia al atraso de la modernización española por el impacto de la Guerra Civil. Tras dejar la Universidad de Columbia, Kenneth Frampton ha trasladado su residencia de Nueva York a Londres, y esta mayor proximidad a la Península nos hace desear que podamos disfrutar con más frecuencia de su aguda pupila de arquitecto, que situó en su día a España en el regionalismo crítico y en la cultura tectónica, para verla hoy como parte de ese gran fresco global que sigue testarudamente cartografiando y caligrafiando.

# Epílogo

Tras el trauma nacional de la dana de Valencia y la convulsión internacional de la victoria de Trump, la historia se acelera, la estabilidad se disloca y el 'mundo de ayer' se desvanece. En la catedral de Valencia, la misa funeral por las víctimas de la catástrofe separó el acceso de familiares y políticos para evitar la expresión popular de indignación con las élites; y en la catedral de Notre Dame, que volvió a abrirse tras cinco años de obras, el protagonismo correspondió a un Donald Trump que ejerce ya de presidente, en el marco de una Europa en declive que ve desmoronarse el soporte franco-alemán. El desorden que viene está ya aquí: en Siria, sumida en la incertidumbre tras el derrumbamiento del régimen de Al Asad; en Corea, escenario inesperado de un autogolpe frustrado; o en Georgia, donde los movimientos proeuropeos se enfrentan a un Gobierno filorruso. Y todo ello mientras la guerra de Ucrania acelera la escalada armamentística, la de Gaza se extiende a Cisjordania o Líbano, y la de Sudán sigue multiplicando sus víctimas ante el silencio del mundo. En el Occidente acomodado, la paz, la libertad y la prosperidad se dieron mucho tiempo por supuestas; pero en este recinto de privilegio que es todavía Europa, los conflictos bélicos, el deterioro de la democracia y la erosión económica dibujan un panorama muy diferente, y no sabemos si la degradación va a ser paulatina o súbita.

# Crónicas

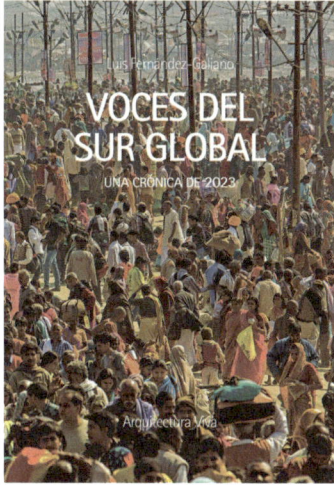